王船山画传

肖培◎编著

北方联合出版传媒（集团）股份有限公司
万卷出版公司

图书在版编目(CIP)数据

王船山画传 / 肖培编著. -- 沈阳 : 万卷出版公司，2020.11

ISBN 978-7-5470-5199-3

Ⅰ. ①王… Ⅱ. ①肖… Ⅲ. ①王夫之(1619-1692)-传记-画册 Ⅳ. ①B249.2-64

中国版本图书馆 CIP 数据核字(2019)第 202107 号

出版发行：北方联合出版传媒(集团)股份有限公司
万卷出版公司
(地址:沈阳市和平区十一纬路 25 号 邮编:110003)
印 刷 者：长沙市精宏印务有限公司
经 销 者：全国新华书店
开本尺寸：142mm×210mm
字　　数：200 千字
印　　张：8
出版时间：2020 年 11 月第 1 版
印刷时间：2020 年 11 月第 1 次印刷
责任编辑：张冬梅
责任校对：高　辉
策　　划：张立云
装帧设计：潇湘悦读
I S B N　978-7-5470-5199-3
定　　价：58.00 元
联系电话：024-23284090
传　　真：024-23284448

◎王船山画像(作者不详)

◎王船山画像(作者不详)

◎王船山画像(作者不详)

◎王船山画像（摘自《清代学者像传》第二集，杨鹏秋摹绘）

◎王船山画像(作者不详)

◎王船山画像(李世瑛绘)

自序 ZI XU

船山是一座山。

这山，位于衡州西乡曲兰。原本是一座极普通的山，高不过数百尺。唯一的特色是半山腰以上有一块形似覆船的石头，当地人世世代代祖祖辈辈叫它石船山。

先生姓王，本名夫之。晚年隐居西乡曲兰，选择在石船山下筑湘西草堂著书立说。临终前写下《船山记》，把眼里心中的船山勾斩清楚，并交代下来留给后世。先生如此爱山、写山，后世便称他船山先生。

一座山与一个人的渊源如此深厚，自然与人文的交织又这么密切，流传了数百年并且还将继续流传下去实为罕见。

因为罕见，我便有了一种想见识、想追

索、想挖掘的冲动。于是便一个人独自跋涉、独自登临，前前后后、左左右右地仰望，看它的山势、山体、山形，想它的方位、走向、神韵。又一个人独自上路探访，走走停停，停停走走，踏着先生的足迹，追寻他走过、住过、笑过、哭过的地方。

这一登，这一走，便不再是一种冲动，而是一种兴趣、一种责任、一种事业。这一登，这一走，便是几十年，便是一辈子。

一个人独自寂寞，一个人暗自感伤，不为别的，只为了眼前的这座山，心中的那座山。只为了把眼前的这座山与心中的那座山真正合二为一，尽可能给世人展示出一座完整的石船山，一个清晰的王船山。

先生一生离不开山。他伴山而生，生于衡州城回雁峰下。他因山而活，在回雁峰下生活了近20年，衡山生活了9年，大云山生活了3年，石船山生活了17年。他依山而逝，葬于大罗山。衡山抗清，大云山避难，石船山著述，山接纳了他、保护了他，也成就了他。山，给了他想念、安定与温暖，山便成了他一生的依靠，成了他真正意义上的家。先生同水似乎不大投缘。汉口赶考折返断了仕途，洞庭翻船蒙难险丢性命，桂林蒙冤，漓江遭抢，风里浪里，九死一生。可他秉持大山执着、坚定、顽强的意志和正直、高尚、坚忍的品质，心怀矢志不渝的信念与理想。为时势所迫，他不得不化作一股细流、一股潜流、一股清流，流遍江南5省160多个县市数百个乡村，蓬头垢面、含辛茹苦、忍辱负重。

虽然颠沛流离，坎坷曲折，可那个风云变幻的时代最终造就了一座思想上的高山，一座文化上的大山，一座可与世间任何一个名人媲美的名山。

我乃一介布衣，虽身为凡人却心存大义。我的眼里、我的梦里始终耸立着这座山，我的心里始终怀着虔诚和敬仰。是缘于父母的影响、地域文化的浸染还是中华文明的感召？这几十年无论风霜雨雪也无论酷暑严寒，我追随先生的身影踏着先生的足迹，寻遍湖南、湖北、广东、广西、江西5省，探访湖南岳阳、长沙，湖北襄阳、武汉，江西萍乡、南昌，广东韶关、肇庆，广西梧州、桂林等160多个县市和数百个乡村。先生所到之处，哪怕只待过一天半宿，都成了我追索探求的目标。上万里行程、数十万字笔记、几千张照片资料，抚慰了我最初的理想与心愿，那就是在山的指引下，像先生一样化作细流，顺着先生的身影与足音，重返三百多年前的岁月与生活。

天若有情天亦老。对我几十年的追求，几十年的跋涉，几十年的付出，时代给予了馈赠。因为先生的伟大成就了我理想的伟大，辛勤与辛苦换来的成果也就变得伟大起来。20多年前，我通过整理寻访的资料完成了《王船山传》的编著与出版。20多年后的今天，欣逢先生诞辰400周年，在衡阳市委宣传部的鼓励支持下，用几十年收集、拍摄整理而成的《王船山画传》又得以出版和传播。这是一本以图片为主、文字为辅介绍先生生平事迹的读物，希望能给读者诸君带来直观而具体的阅读感受。对此书的出版，我深怀感激。在感恩时代感恩生活亦感恩父母的同时，尤其感恩船山、感恩先生、感恩先生的思想和文化的影响。

斗转星移，沧海桑田。先生的思想和文化经由曾国藩、谭嗣同、毛泽东这一代伟人留下来了，又将经由我们这一代伟人和凡人共同努力流传下去。这是一种多么有意义有价值的事业！作为凡人之一，我对为此种事业尽一份绵薄之力而深感荣幸。

本书在编辑、出版过程中，得到许多亲朋好友的支持，由于人数太多，就不一一署名，特此表示感谢。本书引用了清朝、民国、现代人的众多资料，在书末列有主要参考书目，特此向作者表示由衷的敬意和感谢。本书还大量引用了民国长沙画家李世琠《王船山先生行迹图》和《王船山先生栖伏图》以及康和声《王船山先生墨宝四种》中内容。由于没有联系到出版人，心中甚感歉意。还望知者教我，定当重谢。书内凡没有署名的照片，除一部分为历史资料也无法考证其作者而未具名外，大部分均为本人亲自拍摄，署名照片均经作者同意而采用刊登，特此说明。如有异议，请与本人直接联系。

是为序。

肖　培

己亥仲夏于雁城书斋

目录 MU LU

王船山家世 WANG CHUAN SHAN JIA SHI

据《邗江王氏五修宗谱》介绍：王船山系出太原王氏，元代之前谱系丢失记载不详，只知道世代居住于江南扬州高邮州之打鱼村。有记载始祖王仲一，元末明初王仲一等九兄弟（另有七兄弟一说）跟随朱元璋反元，立下战功，六人殁于军中，剩下的三兄弟，王仲一授官山东青州左卫正千户，弟王仲二授长沙卫指挥使，弟王仲三授衡州卫指挥使。王仲一妻冯宜人，生子王成，迁衡州府始祖，永乐年间，立下战功，官拜昭武将军、上都尉、衡州卫指挥佥事，后晋升为衡州卫指挥同知。王成妻朱淑人，生子王全，袭父王成之职，妻崔淑人。王全生子王能，袭父之职，妻刘淑人。王能生王纲、王统二子。王纲，平郴、韶贼乱，晋升为骠骑将军、上护军、江西都指挥佥事，掌卫事。妻崔夫人，生子王震。王震，字东齐，袭父王纲之职，累迁柳庆参将。王震妻常恭人，生王翰，字直卿，袭父职，升都指挥使。妾郑氏，生王甯。

高祖：王甯，号一山，王震的第四子，妻赵氏。长子王亨，字顺泉，生员。

曾祖：王雍，号静峰，王甯次子，隆庆四年乡贡授武冈州学训导，后迁江西南城县学教谕。妻毛孺人。长子王惟恭，号次峰。次子王惟敬，号少峰。三子王惟炳，号太素，生员。

祖父：王惟敬，号少峰。原配冯孺人。继娶范孺人。祖母：范孺人，生长子王朝聘、次子王廷聘、三子王家聘。

父：王朝聘（1568—1647），字逸生，一字修侯，学者称武夷先生。原配綦孺人，系甯远县教谕綦文佳之女，生有一子，三岁

◎《邗江王氏五修宗谱》

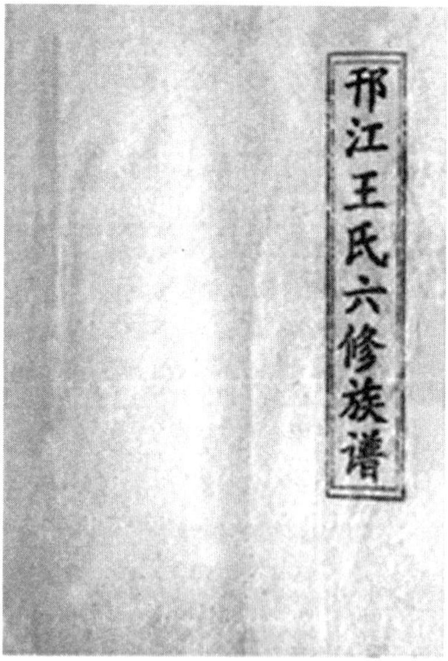

◎《邗江王氏六修族谱》1995 年 6 月

殇。继娶谭孺人。母：谭孺人，谭时章之女，十九岁归王氏。

叔父：王廷聘（1576—1647），字蔚仲，号牧石，生员。

叔父：王家聘，号子翼，生员。

长兄：王介之（1606—1686），字石子，又字石崖，号耐园。举人，八十一岁卒。妻欧阳孺人，思恩府同知欧阳炳的孙女，岁贡生欧阳珠之女。生子王敞，字朊原，生员。女儿王氏嫁萧氏。仲兄：王参之，字立三，又字叔稽，弘光年间贡生。妻蒋氏，生子王敉、王致。毕生致力于经学，著有《春秋四传质》《春秋家说补》《周易本义质》《诗序参》《诗经尊序》等书，其中《春秋四传质》后被收入《四库全书》。

王船山妻：原配陶氏，16 岁嫁王船山，于隆武二年（1646 年）十一月四日亡，时年 26 岁。永历四年（1650 年）春，王船山继娶襄阳郑仪珂之女郑氏，永历十五年（1661 年），六月，郑氏卒，年 29 岁。永历二十二年（1668 年），王船山 50 岁继娶张氏为妻。

儿子王攽，字曷功（1644—？），是王船山原配陶夫人生的。当他 2 岁时，母亲陶夫人就逝世了。王攽的妻子是衡阳刘近鲁之女。刘家在小云山下，家有藏书楼，藏书数千卷。王船山常到刘家看书，既是好友，又是儿女亲家，彼此的友谊是很深的。王攽卒于何年，文字缺少记载。他著有《诗经释略》，但也未见刊。

次子王敔（1656—1730），字虎止，第二任妻子郑氏所生，为王船山的第四个孩子。入邑庠，为诸生，娶刘象贤之女，生一子一女，子名王范。继娶李氏，生一子王生荃。著有《蕉畦存稿》《笈云草》《姜斋公行述》等。

王船山出生地 WANG CHUAN SHAN CHU SHENG DI

明万历四十七年(1619),九月初一日(10 月 7 日)子时,王船山生于衡州府城南回雁峰王衙坪。父王朝聘 50 岁,母谭氏 43 岁。

王衙坪在今衡阳市雁峰区先锋街道中山南路社区,是衡州府城南至回雁峰的一片大坪,清同治年间已发展成为一个三岔小巷。小巷一条向东通大河街(沿江西路),并接大码头,一条向西连南正街(中山南路)。王船山故居在王衙坪的南部,左边是湘江,右面是繁华大街,前面是燕子巷、燕子塘。

清末王衙坪三岔小巷又叫骆驼巷,一条向东通大河街(沿

◎王船山故居王衙坪(清末),前面是燕子塘(作者不详)

◎船山祠(摄于 1915 年,作者不详)

◎今衡阳市雁峰区先锋街道中山南路社区有“王衙坪”路牌

江西路)，一条南接大马横街(金果路)，一条西连大街(中山南路)。王船山故居已经改建成为船山祠，船山祠附近盖了一座福音堂，南面的燕子巷和燕子塘改名院子塘巷。

清光绪十一年(1885)，经湖南学政朱逌然倡议，在王衙坪故居创建了船山书院。第二年，兵部尚书彭玉麟捐款，在东洲另建新舍，旧址便改为船山祠，作为春秋祭祀之所。1922 年这里还挂过“船山大学”的牌子，一直保留到衡阳保卫战前，可惜 1944 年毁于战火。

院子塘巷现改名为福音巷，福音巷西接中山南路，东通湘江南路。船山故居遗址就在东面第二栋楼，东面是雁峰区成章小学。福音巷没有编门牌号，船山故居遗址在福音巷，所在的楼叫中山南路 28 号附 3 号。

◎福音巷西端

◎福音巷东端第一栋

◎福音巷东端第二栋即王船山故居遗址

◎王船山出生地纪念馆

在距离船山故居遗址不到一里的雁峰公园西侧半山腰，现在修建了王船山出生地纪念馆。

目前，王衙坪已经不再是连通的三岔小巷，而是断开为两条路。

◎王船山出生地纪念馆王船山塑像

李世瑛(1867—1935),字行我,别号行我道人,长沙人。工山水。绘有《王船山先生行迹图》和《王船山先生栖伏图》。本书的很多线索就是根据他的两种图来采写编辑的。笔者有幸获得他的画册并珍藏,本书也收录了他的大部分图作,对笔者的本次王船山研学成就是最好的佐证。

◎回雁峰王衙坪图(李世琠绘)

读书苏州湾 DU SHU SU ZHOU WAN

明天启元年(1621),王船山父亲王朝聘中副榜,入学国子监。第二年,王船山4岁发蒙,从长兄王介之受读。王氏家塾在衡阳市珠晖区苏州湾。宋代大儒周敦颐在衡阳度过了他的青少年时代,到外地为官从政。一支后裔留在了下江(江苏的别称)。后来这一支又有后裔返回衡阳,定居在东洲对河东岸一带,他们便将这一带取名苏州湾。苏州湾今在衡阳市珠晖区东风街道苏洲(州)湾社区。

◎苏洲湾社区

◎苏州湾又名苏家湾

王船山跟随长兄王介之学习,用功异常。据王船山《龙源夜话·序》中自述:“七岁而毕十三经。”

王船山在刚刚学会了应用语言来表达情感的年

◎公从石崖公受读图(李世琠绘)

◎十三经是在南宋时形成的十三部儒家经典，内容相当丰富。这一套明版十三经18函180册

纪，就开始学习背诵最有价值的经典。这样养成了良好的行为习惯，开发了超强的记忆力，增强了学习能力和理解文字的思维能力，逐渐培养了端正的心性。这些良好的行为习惯，不仅让他树立了崇高理想，培养了远大志向，而且在以后的成长过程中对他提高独立处事能力和克服人生逆境有着重要作用。

明天启六年（1626）王船山8岁时，父亲王朝聘国子监毕业，因拒绝贿赂选官，被罢选返乡。

王船山在10岁时跟随父亲学习经义，阅经义数万篇，为考秀才打下基础。王船山的父亲王朝聘少年时跟随衡阳有名的学者伍定相学习。伍定相是百科全书式学者。王朝聘又拜邹德溥为师。邹德溥是理学家邹守益之孙。邹守益先宗程朱，后师事王守仁。王朝聘受到启迪，“以真知实践为学”。王朝聘的这种思想和治学宗旨，对王船山有很大影响。

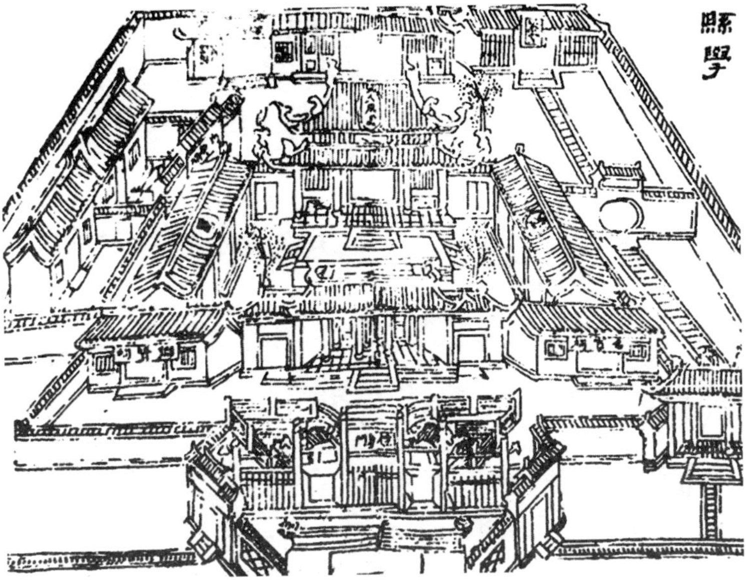

◎衡阳县学图（摘自《清泉县志》）

十四岁中秀才 SHI SI SUI ZHONG XIU CAI

明崇祯五年（1632），14 岁的王船山通过科试，成为秀才，湖广提学佥事王志坚欣赏王船山才能，荐其入县学。王船山得以阅读县学丰富的藏书。

王志坚（1576—1633），字弱生，一字闻修，号淑士，江苏昆山人。著有《读书商》《四六法海》。

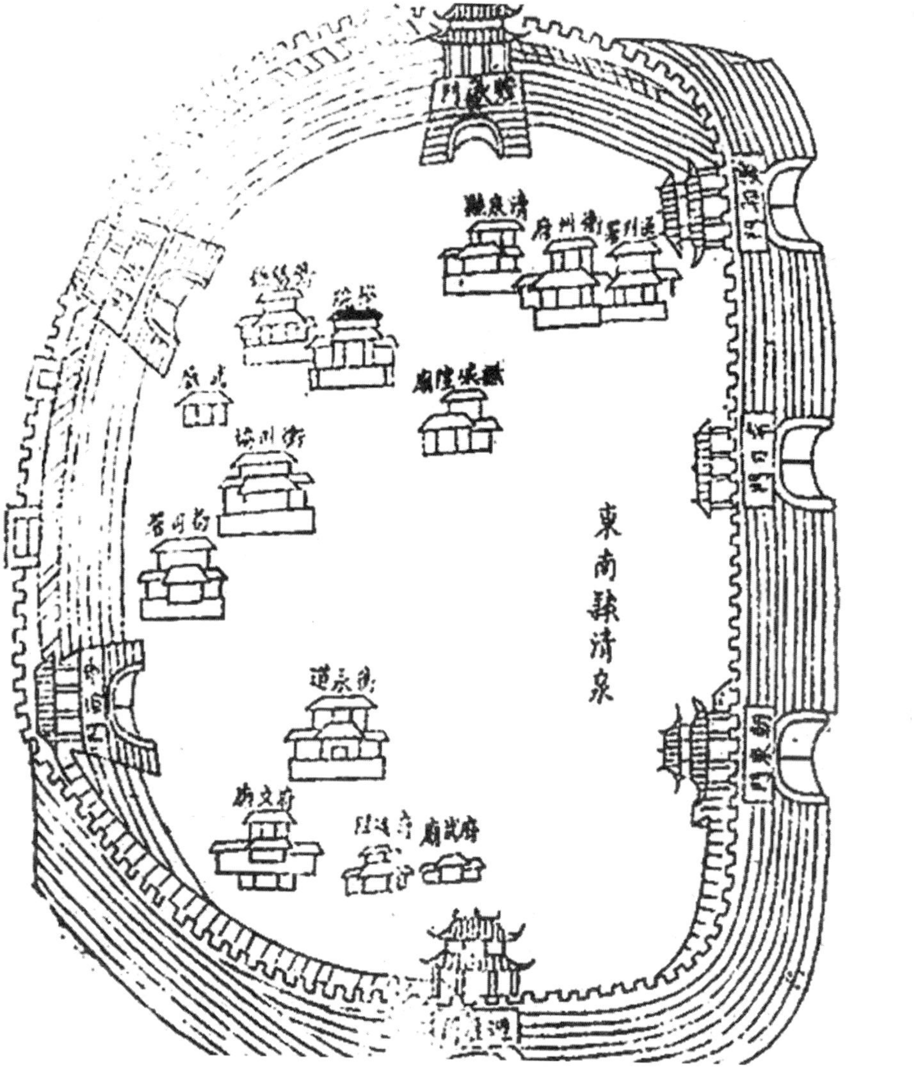

◎衡阳县学所在位置，此图摘自《清泉县志》
旧址在今衡阳市石鼓区青山街街道西湖新村社区学宫巷

初次乡试落第　CHU CI XIANG SHI LUO DI

明崇祯六年(1633)夏,15 岁的王船山从长兄王介之、仲兄王参之赴武昌,应湖广省乡试,均落第。

王船山兄弟考试地点是武昌贡院。武昌贡院东沿得胜桥至戈甲营口,西从菊湾东街至黉巷,南抵青龙巷,北依凤凰山,今湖北省武昌实验中学和武汉幼儿师范学校乃其遗址。宋初设县学,后设州学,明洪武年间始建贡院。

◎武昌贡院的大门(摄于 1905 年,作者不详)

◎公从石崖公赴武昌应乡试图(李世琠绘)

学诗十万首 XUE SHI SHI WAN SHOU

明崇祯七年（1634），16 岁的王船山跟随叔父王廷聘学习作诗。《夕堂永日绪论·序》:“余自束发受业经义，十六而学韵语，阅古今人所作诗不下十万。”

以前秀才每年都要考试，是年，王船山被湖广前后两任提学佥事水佳胤、王澄川列为岁试一等的第一名。

水佳胤，字启明，宁波人，天启二年(1622)进士。由大理寺评事历官湖广布政司参议，督学政。

王永祚，字澄川，昆山人。

第二年，王船山作诗《中秋里人张灯和牧石先生》七律一首，与叔父王廷聘唱和:“谁依笙歌闹九衢，绛云深处有金枢。鸾回碧汉临明镜，龙向江天护宝珠。旧识东风开火树，新从西爽醉芙蕖。落梅莫诧行歌好，天竺飘香桂影疏。”这是现存王船山最早的诗。

他以历代优美古文诗词等为辅佐教材，充实自己。这对提高个人的艺术素养有很大作用。后来王船山对诗书画印都比较精通，只不过他喜欢诗词罢了。他专于经史子集的著作，体现的思想是他重大的成就。

◎武昌贡院

二次乡试落第 ER CI XIANG SHI LUO DI

明崇祯九年(1636)夏,王船山18岁从王介之、王参之第二次赴武昌,应湖广省乡试,皆落榜。王船山兄弟考试地是武昌贡院。

王船山的《忆得·丙子》有《黄鹄矶》五律一首。黄鹄矶距离考棚很近,兄弟三人应该登上过黄鹄矶,并上过黄鹤楼。

◎1884年火劫前的黄鹤矶旧照(作者不详)

◎今日黄鹤矶

学史曳涂居 XUE SHI YE TU JU

◎罗州河水库

◎罗州河水库管理站正有“甘溪”二字

明崇祯十年(1637),19岁的王船山娶同里首富陶万梧之女陶氏,陶氏时年16岁。

当年夏,王船山从二叔牧石公读史曳涂居。曳涂居,旧址在今衡阳县金兰镇甘溪村(现甘溪村由甘溪桥村与桂花村合并)。“漧”亦作“乾”,音gān,甘亦音gān,同音通用。甘溪即漧溪。湖南省衡阳市衡阳县金兰镇甘溪桥村简称甘溪,古称湖南衡阳罗州,汉朝时期甘溪的老百姓都姓罗,所以汉朝时期这里叫罗州庄。

王船山7岁读毕十三经,14岁阅读县学丰富藏书。16岁学韵语,阅古今人所作诗不下十万。19岁从二叔牧石公读史,完成经史子集、科学、宗教、艺术等传统科目的学习,这对他以后的学术创作以及成为百科式的学者大有帮助。

◎公从牧石公读史曳(曳)涂居图(李世琠绘)

就读岳麓书院 JIU DU YUE LU SHU YUAN

◎清末岳麓书院(作者不详)

◎今日岳麓书院

明崇祯十一年(1638),王船山20岁,就读于长沙岳麓书院,得以尽读所藏之书。他还与同窗好友邝鹏升等结“行社”。王船山《邝氏南乡墓志》:“夫之等肄业岳麓,与君订行社,聚首论文,相得甚欢。”

邝鹏升,字南乡,衡阳人。

岳麓书院位于湖南省长沙市湘江西岸的岳麓山脚下,是中国古代传统书院,属于中国历史上著名的四大书院之一。现为湖南大学下属学院。

王船山在吴道行任山长期间入岳麓书院肄业,成为明代岳麓书院最杰出的学生。

吴道行(1560—1644),字见可,号嵝山,湖南善化(今湖南望城)人,明末学者。明朝灭亡,吴道行不食而卒,葬于岳麓山飞来石侧,对王船山有一定影响。

◎城陵矶开埠前,洞庭湖上千帆竞发(摄于1899年,作者不详)

◎城陵矶古镇已经成为现代化的城市

三次乡试落第 SAN CI XIANG SHI LUO DI

明崇祯十二年(1639),21岁的王船山与两位兄长第三次赴武昌应乡试,只有长兄王介之中副榜。王船山兄弟考试地是武昌贡院。

在武昌王船山结识了熊𩅰(chuàn)和李以笃。

熊𩅰,字渭公,黄冈人。

李以笃,字云田,汉阳人。

◎公由武昌归至城陵矶遇风图(李世琠绘)

王船山回衡时至岳阳城陵矶遇风。城陵矶是长江中游第一矶。在今岳阳市东北30里江湖交汇的右岸。明设巡检司。1951年置城陵矶镇,属岳阳县。1982年划入岳阳市。

王船山登岸访岳侯祠。《南窗漫记》:“己卯自鄂归,至城陵矶,风厉樯折,幸得登陆,步自矶上,走岳阳,小憩岳侯祠。”岳侯祠亦位于岳阳市岳阳楼区,就在岳阳楼东南角吕仙庵附近。一地三景。

十月,王船山与好友管嗣裘、郭凤跹、文之勇结成“匡社”。王船山《姜斋诗集·忆得》有《匡社初集呈郭季林管冶仲文小勇》。

管嗣裘,字冶仲,衡阳人。

◎岳阳楼(摄于1900年,作者不详)

◎吕仙庵(民国初年),岳侯祠就在附近

◎王船山与好友管嗣裘等结成“匡社”(陈白一绘)

郭凤跹,字季林,一作季陵,衡阳人。后隐居石狮岭下。

文之勇,字小勇,衡阳人。

陈白一曾据此作画一幅。陈白一(1926—2014),原名陈倜,湖南邵阳人,著名工笔人物画家。曾任湖南省美协主席和南岳书画社社长。笔者父亲也曾任南岳书画社副社长,后来还被聘为湖南省文物商店顾问,因此我本人与省内不少书画大家都比较熟。征得其后人同意,本书收录他三幅画作。

建筑湴涛园 JIAN ZHU GAN TAO YUAN

明崇祯十四年(1641),王船山23岁,时湖广提学佥事高世泰岁试衡州,列王船山为一等。文评:“忠肝义胆,情见乎辞。”

高世泰,字汇旃,无锡人。崇祯十年(1637)进士,任湖广按察使佥事提督学政,曾经在岳麓书院讲学。

是年春,王船山在叔父的书舍“曳涂居”附近,演陂水源头湴溪上,建筑湴涛园。湴涛园是一座有庭院的书房。湴涛园旧址在今衡阳县金兰镇甘溪村红星组。

◎甘溪两边适合古人居住的村落遗址,也是曳涂居、湴涛园遗址

◎群山中唯一通往甘溪的古道,说明湴涛园旧址只能在甘溪村红星组

◎漖涛园图(李世瑛绘)

四次乡试中举人 SI CI XIANG SHI ZHONG JU REN

明崇祯十五年(1642),王船山24岁,夏四月,王船山与两位兄长同赴武昌乡试,王船山以《春秋》第一,中湖广乡试第五名。王船山的长兄王介之也中举第四十名。王船山结识了分考官沔州知州章旷、长沙推官蔡道宪。

章旷(1611—1647),字于野,别号峨山,华亭人。

蔡道宪(1615—1643),字元白,号江门,福建晋江人。

贡院为湖南湖北"乡试"唯一场所(亦称试院)。"乡试"每三年一次(农历八月十六至十八日三天)在贡院举行。主考官由朝

◎武昌贡院(摄于1920年,作者不详)

◎清同治年间黄鹤楼(作者不详)

◎今黄鹤楼

廷委任,每期“乡试”应试者数千人,录取(中举)仅数十名。

当年秋七月,王船山与熊渭公、王源曾等百余人在黄鹤楼结盟,称为“须盟大集”。黄鹤楼位于湖北省武汉市武昌蛇山峰岭之上武昌区民主路56号。1981年十月,黄鹤楼重修,1985年六月落成,主楼以清同治楼为蓝本,但更高大雄伟。

王源曾,字又沂,黄冈人。

◎大会同人于黄鹤楼图(李世珙绘)

进京赶考止于南昌 JIN JING GAN KAO ZHI YU NAN CHANG

明崇祯十五年(1642)十一月，王廷聘命王介之、王船山兄弟北上赶考。

王船山经过朱亭。朱亭即朱亭镇，古称浦湾，位于株洲县南端，北连平山，南接衡东，东靠凤凰山，西临湘江。朱熹游南岳曾途经此地，就地结亭讲学，故名朱亭。原属湘潭县。1959年划入株洲市。

王船山与兄长王介之行至南昌，拜谒举主欧阳霖于刘綎祠。

欧阳霖，字方然，安福人。

刘綎(1558—1619)，字省吾，南昌人，明万历年间武状元，爱国将领，手使120斤大刀。崇祯元年(1628)建表忠祠于南昌百花洲(今东湖区)。

◎朱亭宋代古码头，1932年重修

因李自成军克承天，张献忠军攻陷蕲水，道路被阻，王船山兄弟自南昌而返。《南窗漫记》:“壬午残腊，小艇泊南昌城下。”

王船山游滕王阁。王船山《南窗漫记》之九：“滕王阁连甍市廛，名不称

◎朱亭图(李世琠绘)

◎南昌百花洲

◎表忠祠“晚明第一猛将”刘綎的铜像矗立洲畔

◎20世纪50年代的南昌城全景(作者不详)

◎如今,滕王阁是南昌的标志性建筑

实，徒以王勃一序，脍炙今古。求所谓飞阁流丹、飞云卷雨者，何有也？”

明崇祯十六年(1643)，王船山在南昌过年，到了正月，泊江西章江。

章江为赣江古称，或说是赣江的支流，与赣江的另一支流贡江在赣州城下汇合成赣江，我们取前义。

欧阳霖招诸同年游龙沙寺。南昌城北龙沙，四围素沙环拥，如银城雪岛。中平敞，为禅室，今在南昌市豫章街道下沙窝社区滕王阁北，扬子洲东。当年的美景也难以再现了。“龙沙夕照”已经成为了人们的记忆，只留下了“龙沙路”“夕照路”“上沙窝”“下沙窝”等地名作为历史的记载。

佑民寺是佛教禅宗洪州禅的发源地，坐落于江西省南昌市东湖区民德路181号。寺庙始建于南朝梁天监年间(502—519)时称开元寺，先后易称过承天寺、能仁寺、永宁寺等名。因地处龙沙，俗名龙沙寺。

王船山兄弟二人由吉安过云阳，经过洣水回衡阳。

吉安位于江西省中部(赣中)，赣江中游，西接湖南省，是江西省地级市，古称庐陵、吉州，元初取“吉泰民安”之意改称吉安。

◎章江景色

◎雪儆大舟泊南昌城下图(李世琠绘)

◎欧阳公霖招游龙沙寺图(李世琠绘)

云阳山位于湖南省茶陵县城西5里处，海拔900余米，为湘东名山，它的雄姿秀色，仅次于南岳衡山，故有“小南岳”之称。

◎龙沙夕照

洣水，是湘江一级支流干流，主要流经炎陵县、茶陵县、攸县、衡东县，于衡东县新塘镇雷溪市注入湘江。

◎佑民寺龙沙禅室

江西吉安至云阳经洣水到衡阳是一条近于直线的路。洣水自湖南省茶陵县塘田至衡东县雷溪市段440里通航。

回到衡阳，王船山整理自己的诗词，刻《漧涛园诗集》，但此书后来佚散。现在只能在《忆得》中见到他的早年作品。

是年十月，张献忠所部攻克衡州，艾能奇招纳地方贤能，拘王船山的父亲王朝聘为人质。王船山刺伤自己的脸和腕，伪伤救出其父王朝聘。

◎今日吉安

◎云阳山景区

◎洣水景色

◎衡东雷市，洣水至湘江必经渡口

◎环口，是险要的关口（谭民政摄）

◎距离环口5里地有一株古樟

初入莲花峰 CHU RU LIAN HUA FENG

明崇祯十六年（1643）十月，舅父谭玉卿带领王介之、王船山兄弟二人度函口，躲于莲花峰下草舍中。函口今名环口，在今

◎莲花峰壮观

衡阳县岣嵝乡环洞村(由和石村与城前村合并而成)。

王船山随舅父隐居莲花峰。遁匿黑沙潭,作《九砺》:“贼购索甚亟,濒死者屡矣。得脱,匿黑沙潭畔。”

莲花峰古木森森,银泉淙淙,周围八座山峰如莲花瓣瓣,方广寺就是莲心。该寺始建于南朝梁天监二年(503),后屡废屡兴,外貌保存至今完好。

◎古樟树树龄500年,经历了王船山那个年代,也是古道的见证

方广寺位于南岳衡山莲花峰下,隶属南岳区寿岳。

南岳方广寺僧人释性翰,字凝然,与王船山交往甚密。

◎双髻峰下黑沙潭

◎方广寺大门

◎方广寺大殿

◎公与武夷公避兵莲花峰图(李世琠绘)

◎方广寺图(李世琠绘)

◎方广寺(李世琠绘)

◎台源寺镇是一个有悠久历史的古镇

◎台源寺镇因台源寺而得名。台源寺始建于南宋咸淳元年(1265),旧址现为台源中学校舍

是年十二月下山访子,感冒病重,坚持不服药。雨寒天,在台源寺遇夏汝为,冻得说不出话,夏汝为送棉絮御寒,得以归山。台源寺今为衡阳县台源寺镇。夏汝为,字仲力,衡阳县台源寺人。

明崇祯十七年(1644)春,26岁的王船山赴邵阳,三月至武冈州。邵阳在衡阳西。唐代设邵州。南宋宝庆元年(1225),升邵州为宝庆府,宝庆之名始于此。明初设宝庆、武冈二府,后降武冈为州。

◎邵阳旧城,邵阳旧城上曾有"宝庆"二字

◎武冈古城宣风楼

◎公下山访子过台源寺逢夏汝为图(李世琠绘)

◎黑山，箭头所指双峰为双髻峰

涌几刻石　YONG JI KE SHI

王船山回莲花峰，准备在莲花峰营建续梦庵，同夏汝弼至黑山选址。黑山，在南岳区南部，黑山的山脉走向更远，西至界牌的瓷泥矿区，东与岣嵝峰连接。

王船山在大拗勒石“涌几”。石刻在衡阳市南岳区南岳镇光明村。

◎涌几石刻，左侧有王船山署名

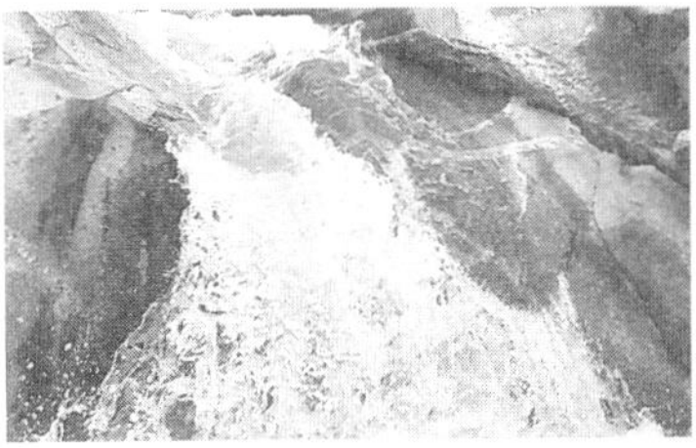

◎涌几石刻旁的泉水，泉水激流奔涌如“几”

◎涌几石刻离地面5米以上

◎黑山访址图(李世琠绘)

◎双髻峰(李世琠绘)

◎东安沉香塘

◎樟木寺，因樟树而得名，故而百年树龄的古樟特别多，曾是衡州城北最大的集市

明崇祯十七年(1644)八月，王船山之子王攽生。

九月，王船山至东安。

东安县，隶属于永州市，位于湖南省西南部，湘江上游。

王船山纵马30里至樟木市。樟木市今属衡阳市樟木乡。

修建续梦庵 XIU JIAN XU MENG AN

颠沛流离的王船山觉得自己应该修建一所比较固定的住所，于是在南岳双髻峰半山腰筑茅舍居住，名“续梦庵”。营建续梦庵后，以慈枝为主僧，两人朝夕相处数年，酬唱赠答的诗文甚多。续梦庵是船山先生于明崇祯十七年（1644）至清顺治十七年（1660）间的隐居、避祸和思考的场所。

对于续梦庵的具体所处位置，《邗江王氏五修宗谱》中载：“岳阡守坟庵，在黑沙潭上双髻峰中，名续梦庵。”即在今

◎寿岳乡由岳林乡、拜殿乡和龙凤乡建制合并设立（王曙初摄）

◎1982年省市学人在续梦庵旧址屋前庵子坪所摄

◎1990 年王曙初、旷玉莲夫妇在续梦庵原址前新建房屋

◎续梦庵原址前新建房屋上“速门组”门牌

南岳区寿岳乡船山村。续梦庵在莲花峰下 5 里许的黑沙潭畔左上岸，双髻峰的半山腰处。在续梦庵原址前 100 米新建房屋的人是王曙初、旷玉莲夫妇。

《船山学刊》2010 年第 1 期，万里在《残梦当年欲续——王船山续梦庵故址考》一文中写道：“续梦庵即位于双髻峰下。”这是错误的。

续梦庵原属龙潭村，今船山村续梦组，“续梦”常被写作“速门”“夙梦”“续明”“宿门”，见 2012 年湖南地图出版社出版的《南岳行政区图》。

◎方广寺(民国),左边小屋即二贤祠

◎今方广寺二贤祠

修复二贤祠 XIU FU ER XIAN CI

清顺治二年(1645)三月,27 岁的王船山结识抗清将领堵允锡。堵允锡修二贤祠,嘱咐王介之、王船山、夏汝弼经营。

南宋初年,朱熹和张栻诗文唱和于方广寺,引得高人雅士接踵而至,留下无数诗文故事。372 年后,进士尹台游南岳衡山之时,毗邻方广寺建二贤祠,纪念朱、张二人。后面的几百年间,二贤祠逐渐成为南岳的一个文化重地。

朱熹(1130—1200),字元晦,又字仲晦,号晦庵,晚称晦翁,谥文,世称朱文公。祖籍徽州府婺源县(今江西省婺源),出生于南剑州尤溪(今属福建省尤溪县)。宋朝著名的理学家、思想家、哲学家、教育家、诗人,闽学派的代表人物,儒学集大成者,世尊称为朱子。

张栻(1133—1180),字敬夫,后避讳改字钦夫,又字乐斋,号南轩,学者称南轩先生。南宋汉州绵竹(今四川绵竹市)人。南宋初期学者、教育家。

堵允锡(1601—1649),又写胤锡,又名锡君,原名灵授,字仲缄,一字牧子,号牧游,宜兴人。任南明兵部尚书。

夏汝弼(约 1605—1649),衡阳县台源寺人,汝为弟。

游历耒阳、永兴、湘乡 YOU LI LEI YANG 、YONG XING 、XIANG XIANG

清顺治二年(1645)秋,王船山为避免镇将纵兵剽掠,与父兄逃到耒阳、兴宁、永兴。王船山与耒阳贡士曹国光、陈五鼎访杜甫墓。曹国光,字伯实,耒阳贡士。陈五鼎,字耳臣,攸县人,耒阳教谕。

◎耒阳杜甫墓

◎今日永兴

◎便江两岸景色

王船山侍武夷公避兵永兴便江,馆李尔雅宅。耒水至郴江口,合郴江(郴水),名便江。李尔雅,号大朴,世称义庄先生,清康熙二十七年进士,永兴名耆。

杜甫墓(衣冠冢)位于耒阳市北城区耒阳市一中校内。

王船山偕硁斋公侍武夷公游兴宁石角山。

兴宁县,今资兴市。

石角山山石独特,石笋拳曲如牛角,空悬

◎资兴市白廊乡石角头移民新村，人们还记得石角奇观，可惜的是，比较贫穷的百姓家里，都没有能留下石角奇观的照片

江上，可登眺，故而得名。宋代县令赵崇尹刻有“天下奇观”四字，所以石角山又名奇观山、奇观石。石角山的具体位置应如《大清一统志》所说：“奇观山，在兴宁县南二十里，一名石角山。”现在资兴市兴宁镇白廊乡石角头村。因东江湖是1986年8月正式下闸蓄水的人工湖，石角山已被水淹没，石角头村搬迁到了村后的山上。

《湖南省博物馆馆刊》2012年第九辑《栖伏林谷，孤光远瞩——读〈李世画王船山棲伏图〉》一文注明石角山“在永兴县北”。

王船山由耒水经前溪渡（今泉溪镇）回衡阳，诗有《刘杜三将至，于前溪渡题画扇见寄，赋答》。刘杜三，名友光，攸县举人。

清顺治三年（1646）三月，王船山至湘乡。

王船山与洪公业嘉、龙公孔蒸、欧阳公镇及其子淑登浮湘亭。

◎公偕硁斋公侍武夷公游石角山图(李世琠绘)

◎今天的泉溪镇农业示范园

◎泉溪镇耒水大桥是泉溪镇标志性建筑，东西都有古码头

浮湘亭，又名浮乡亭。清初已毁。

洪业嘉，字伯修，湘乡人，与龙、欧阳称湘三诗人。龙孔蒸，字季霞，湘乡人，王船山同科举人。欧阳镇，字山公，湘乡人，王船山同科举人。子欧阳淑，字予私，亦有才名。

是年夏，至湘阴，上书于司马华亭章公旷，无果。

◎今日湘乡

◎今涟水边新建一亭

◎湘阴远浦归帆楼

◎公与洪公业嘉、龙公孔蒸、欧阳公镇及其子淑登浮湘亭图（李世琠绘）

◎公至湘乡寓鑫庆庵图(李世琠绘)

◎浮乡亭(李世琠绘)

葬陶夫人于王衙山 ZANG TAO FU REN YU WANG YA SHAN

清顺治三年(1646)十一月初四,陶孺人逝世,葬王衙山。

王衙山在苏州湾,苏州湾在清代属于零泉乡,其地有王衙山、王氏家庙、王氏家塾、王氏坟地。现在属于衡阳市珠晖区东风街道苏州湾社区。20 世纪 60 年代居民彭和陵告诉笔者:“你说的砖厂就在王衙山下,砖厂已将王衙山辟了一半。我住在那儿时,王衙山下还住有守山人夫妇,他们的儿子叫王英。”

彭和陵,世界彭氏宗亲会常务委员、副会长,衡阳历史研究学者,现住衡阳市蒸湘区税务局家属房。

◎苏洲湾社区

◎王衙山远景，右箭头处为纱帽山，江东水厂

◎王衙山近景

王船山对于夫人感情至深，悲痛地写有《陶孺人像赞》《悼亡诗》四首。《陶孺人像赞》:“孝而殉，国人所闻，奚俟余云。慈以鞠，不究其粥，奚以相暴。静好尔音，函之予心，有言孰谌。偕隐之思，已而已而，焉用文之。天或假尔以后昆者，髣髴不迷，唯斯焉之为仪。”

编写《莲峰志》 BIAN XIE《 LIAN FENG ZHI 》

清顺治三年(1646),王船山编成《莲峰志》5卷,《余岳集》1卷。

《莲峰志》是清初一部有重要价值的地方志,湖南衡山是我国五岳名山之一。记述南岳衡山的莲峰及莲峰下方广寺的情况。

◎谭民政注《莲峰志详注》

被困车架山 BEI KUN CHE JIA SHAN

清顺治四年(1647),永历元年。春,清军攻陷湖广各地。四月,明桂王至武冈州,王船山与好友夏汝弼由湘乡间道奔赴,中途因雨被困在湘乡的车架山,作《哀歌示叔直》。

◎湘乡涟水风光带

◎车架山山顶

◎车架山远景

◎公与夏公汝弼同困车架山图(李世琠绘)

◎王船山困隐车架山(朱卫平绘)

◎从白石峰上眺望黄巢山

◎白石峰下有一座至今保存完好的璞藏禅院

◎铜梁山气势磅礴

车架山在湘乡市西90里，今双峰县沙塘乡白石村。

朱卫平，双峰永丰镇人，双峰县美术家协会副主席，著名山水画家。征得本人，这里刊登他的画作一幅。

五月，王船山与夏汝弼登湘乡白石峰。

白石峰，在沙塘乡石峰村，车架山东北面约6里。双峰县沙塘乡与井字镇交界处是黄巢山。黄巢山南有鸡冠寨，北有白石

◎公与夏公汝弼登湘乡白石峰图(李世琠绘)

◎白石峰(李世琠绘)

峰，三山呈马鞍形连成一道天然屏障。

王船山与夏汝弼登湘乡铜梁山并观瀑布。

◎铜梁山曹家坳瀑布

铜梁山在白石峰东面16里。位于今湘潭市湘潭县西南边陲的石鼓镇歇马乡与双峰县井字镇井字街之间。铜梁山景点甚多，最为突出的是曹家坳瀑布和铜梁水库。铜梁山村村口曹家坳，有溪水从巨型青石沟壑倾泻而下，形成高100余米、宽5余米的瀑布。瀑布飞泻时，水雾喷发，甚是壮观。尤其是大雨过后，周围山窝有9条小瀑布同时飞泻，形成瀑布群，景色更是迷人。清光绪《湘潭县志》记载：清顺治年间，衡阳名道夏叔直避世乱，曾到这里隐居，触景生情，写了不少赞美的诗篇。

登南岳晤破门上人 DENG NAN YUE WU PO MEN SHANG REN

清顺治四年(1647)五月,清军攻陷衡州,王船山全家逃散,他登祝融峰,隐于峰顶。《船山公年谱》:“登祝融峰,观飞来船,晤破门上人。”书上注明为春正月后,是错误的,应该是五月。

王船山有登祝融峰诗、观飞来船诗、晤石浪庵破门诗。其绝句《飞来船》:“偶然一叶落峰前,细雨危烟懒扣舷。长借白云封几尺,潇湘春水坐中天。”

《飞来船》写作的时间和景色的位置颇有争议。有说《飞来船》是王船山老年作品,是写流经衡阳段的湘江山水风景。

◎祝融峰山顶

◎破门和尚画像(作者不详)

这诗出自《忆得》,注明是丁亥,当为船山29岁时的作品。至于飞来船,不是在衡阳段的湘江中,而是在南岳衡山。在衡山山脉中,分布着广泛的花岗岩,因为气候湿润,地表比较破碎,上部岩石经过风化剥蚀形成的半裸露形状,即埋藏型石蛋,或者崩落岩块形成的裸剥石蛋,特别是其下部形成V字形河谷,有观音岩、飞来船、福寿石等。所谓飞来船,南岳有二处,一在南天门,一在金简峰侧、掷钵峰之间,是山体风化后留下的一块剥露于地表的大石头,其形如船,悬架于另外两块大石头上,后人附会说是“飞来船”。在金简峰侧石上,刻有“石舟”两个隶书大字,署款“蒋向能书”,为明代石刻。不远处有“飞来船”三大字,正楷横刻,位于黄帝岩上90米,无题款。

金简峰,在祝融峰前,南天门东侧,东与石廪峰毗连,西与芙蓉峰相接,明末清初,著名诗僧破门和尚曾住金简峰下石浪庵。

王船山有《石浪庵赠破门》诗。

破门(1599—1671),原名包尔庚,字宜壑,号石浪,松江(今上海市西南)人。明崇祯十年(1637)进士。曾结茅下火场,自名其庵曰石浪,今墓塔尚在金简峰麓。

◎南岳金简峰

◎金简峰类似飞来船的山石

“石浪庵有石浪台”，这是破门修行打坐20余年的地方，他在此石上题写了“石浪”二字，故名“石浪台”。抬眼望去，只见乱岩纵横，或立或卧，或倚或侧，白石嶙峋，狂怪狰狞，在阳光的照耀下，如白浪翻滚，波涛汹涌。

◎石浪台巨石石刻

◎金简峰皇帝岩上宋徽宗书写“寿岳”二字

◎潜圣峰

◎船山先生父亲的墓

葬父亲于潜圣峰

ZANG FU QIN YU QIAN SHENG FENG

清顺治四年(1647)十一月十八日，王船山父亲王朝聘病逝,葬南岳潜圣峰。

潜圣峰在南岳庙西，紧邻观音峰。船山先生父母亲的墓是衡山县文物保护单位，有碑记。只是东湖镇马迹村大马组这块“天鹅抱蛋”虽是风水宝地,其墓碑却断裂了。

◎船山先生父母亲的墓，碑已经断裂

◎武夷公卧病潜圣峰图(李世琠绘)

◎方广寺前的大坪是练兵场之一

◎当年后山腰练兵场很隐蔽

◎通向当年练兵场的小路

◎当年练兵场还留下地基和断垣残瓦

南岳起义

NAN YUE QI YI

清顺治五年（1648）十月，30岁的王船山与好友夏汝弼、管嗣裘、方广寺主持凝然（性翰）在南岳方广寺商讨举行武装抗清起义。当时练兵的场所主要有两处，一处就是船山村内方广寺前的大坪，一处是在南岳崇山峻岭后山腰。船山村隶属南岳区寿岳乡，地处南岳西面，也称为南岳后山。迄今为止，村里发现有王船山当年练兵的场所，王船山练兵时居住的遗址。

王船山的《河田营中夜望》诗记载了此次商讨举行武装抗清起义之事。当充当清统治者鹰犬的湘潭人尹长民带领民团袭击义军时，王船山正在河田营中联合地方农民武装。河田在今衡阳县溪江乡河田村（由河田村、浪井村、爱华村合并而成），在方广寺西北方向40里。

◎溪江乡河田村，地处衡阳县西北

◎溪江乡河田村处于九峰山山区

◎河田村，山区少有的平地

◎今日桂阳

◎今耒阳城

赴粤途中
FU YUE TU ZHONG

王船山举兵衡山，战败军溃，遂携侄攽走耒阳。

王船山至兴宁，宿石角山僧阁。

王船山遇欧阳霖，遂由桂阳庆岭，从汝城边界山穿过南岭，至韶关，下浈江，过清

◎汝城边界山

◎韶关

◎浈江

◎清远峡

◎英德是个水乡

◎今日清远，特别美丽

远，径赴肇庆。

浈江，指珠江水系北江干流的上游段，即北江源头江西省信丰县石溪湾，至广东省韶关市沙洲尾以上河段。浈江古称保水。王船山经韶关、英德至清远。

王船山在清远写下《浈峡谣》五首，即《弹子矶》《望夫江》《观音岩》《飞来寺》《归猿洞》。

◎公由桂阳度岭下浈江过清远赴肇庆图(李世琠绘)

◎清远峡(李世琠绘)

◎清远峡(梁力文绘)

浈江有三峡:浈阳峡、香炉峡、清远峡。《湖南省博物馆馆刊》2012 上幅六《浈江峡》载为“在衡阳耒阳交界处”,显然是错误的。

梁力文,字立文,号紫金山人。惠州市东坡文化协会名誉会长、东坡书画院院长。征得本人同意,这里选载他的画作一幅。

弹子矶坐落于英德沙口镇凤田北江西岸轮石山上,临江绝壁峭崖,上有一圆形深窝,直径约 6 米,深约 4 米,圆如明月,形似弹坑,故名“弹子矶”。

望夫石,又名望夫山、望夫台,在浈阳峡。

◎弹子矶(1869 年,约翰·汤姆逊摄)

◎弹子矶

观音岩位于广东英德城北横石塘镇的东南古贞山（又名观音山）,是一个天然的石灰岩溶洞,洞口向东,洞口下边即是北江。洞高 22 米,深 125 米,经人为加工成三层楼阁。

◎鬼斧神工的圆形深窝

飞来寺在清远县北江飞来峡右岸,又名峡山寺。从山门前到寺背后的峰岩,有江边台石、飞来古寺、爱山亭、飞泉亭、交影亭、狮子石、归猿洞等十余处佳境。

约翰·汤姆逊在 1869 年对飞来寺有过影像记录。约翰·汤姆逊（1837—1921），英国人,生于爱丁堡,西方摄影家,是第一个最广泛拍摄中国社会的人,对晚清时期末的中国有珍贵记录。

◎观音岩有百余幅摩崖石刻

◎今观音岩

◎飞来寺(1869 年,约翰·汤姆逊摄)

◎飞来寺近景

◎崧台

◎崧台书院

初到肇庆
CHU DAO ZHAO QING

清顺治六年(1649),南明永历三年。当年春,王船山到肇庆。王船山游肇庆崧台,并赋词一首《更漏子本意》:“崧台泊,漓江柝,剑吼匣中如昨。”崧台在肇庆府城北。

肇庆市位于广东省中西部, 北部和东北部与清远市相邻。清顺治三年(1646),两广总督丁魁楚、广西巡抚瞿式耜拥立朱由榔监国(指代理朝政)于肇庆。

丁魁楚(? —1647),字中翘,河南永城市人,明万历四十四年(1616)进士。永历王朝首辅,其死因:魏源认为其投降清将李成栋,为李成栋所杀;王船山、顾炎武则认为是战死。当以当时人说法为是。

瞿式耜(1590—1650),字起田,号稼轩、耘野,又号伯略,江苏常熟人,永历王朝吏部右侍郎。

◎肇庆永历王朝王府旧址丽谯楼

◎丽谯楼大门

◎丽谯楼匾额

◎昆明永历帝殉国处

◎军事重地阅江楼

◎永历王朝曾在七星岩水月宫兴建歌舞场

朱由榔(1623—1662),桂王朱常瀛之子。南明最后一位皇帝。年号永历,史称永历帝。永历十六年(1662)在昆明被吴三桂绞死。

南明以丽谯楼为行宫。

永历帝登基的那一天,在阅江楼举行了阅兵仪式,除了来自南方各省的大臣外,意大利、西班牙、葡萄牙、暹罗(泰国)、安南(越南)等国的使节也纷纷前来祝贺。24门红衣火炮排列江边,万余将士列队恭候于楼前,甚为壮观。

王船山结识了瞿式耜、严起恒、金堡、方以智等。

当年秋,王船山在德庆堵允锡授所作《军谣》十首。

严起恒,一字秋冶,浙江山阴人,崇祯四年(1631)进士,永历王朝内阁大学士。

金堡,字卫公,别字道隐,仁和人。崇祯十三年(1640)进士。

◎王船山和他的朋友管嗣裘一起去见严起恒，要求停止党争，团结爱国（陈白一绘）

方以智（1611—1671），字密之，号曼公，别号浮山愚者。为僧后，法名弘智，无可、药地、浮庐、墨历等。今桐城浮山镇陆庄人。

王船山投奔南明永历王朝，并得朋友举荐，曾先后在永历朝廷任翰林院庶吉士、行人司行人（执掌朝廷礼仪事务的长官）之职。

◎系龙洲

经梧州至桂林 JING WU ZHOU ZHI GUI LIN

南明永历五年(1651),王船山目睹南明朝廷的偏安溃退,非常激愤且失望,弃官,经由梧州、平乐至桂林返回原籍。

梧州,今梧州市,位于广西东部。梧州是古苍梧郡,古广信县所在地,岭南文化(广府文化)发源地之一。

王船山从肇庆乘船至梧州,望见系龙洲,有感赋诗。

系龙洲位于梧州城东 7 里的西江江心之中,故又名七里洲。四面环水。一峰耸起,屹立中流,被称为"龙洲砥峙",列为梧州八景之一。

南明永历皇帝曾专程泊舟于此度中秋,以舟为"水殿"载歌载舞,饮酒寻欢,乐不思蜀半年有余。

王船山从梧州经昭平至平乐。

昭平县，明朝属平乐，今属广西壮族自治区贺州市。

平乐县，古称昭州，位于广西东北部，今属于广西壮族自治区桂林市。

王船山自平乐至桂林。

桂林昔称八桂、桂州，广西壮族自治区下辖市，曾是广西首府。1647年，南明永历帝到桂林，驻于靖江王府，桂林一度成为永历政权的政治、军事重心，靖江王府因而有“皇城”之称。现在的靖江王府已经是广西师范大学的校区。

王船山住在漓江边的圆通庵。

圆通庵在桂林市秀峰区，前临杉湖，背靠城墙，城墙外面就是漓江。旧时有一条小巷直通圆通庵，叫作圆通巷。圆通巷在抗战期间被侵略者的炮火烧毁，城墙拆除后沿江修建了滨江路。滨江路61号一带的居民区就在圆通庵遗址上，漓江剧院、漓江大瀑布饭店就兴建在圆通庵遗址旁。

◎系龙洲上阅波楼中石碑“龙洲砥峙”石刻

◎系龙洲(李世琠绘)

◎系龙洲(无名氏绘)

◎苍梧舟中望系龙洲图(李世琠绘)

◎今昭平

◎驴脊峡

《湖南省博物馆馆刊》2012年第九辑载刘利《栖伏林谷，孤光远瞩——读〈李世琠画王船山楼伏图〉》图幅十有《圆通庵》，并注明：“在肇庆府。清顺治己丑王姜斋老人寄居此庵。”据本人考评有误，圆通庵在桂林。

◎公晨发昭平县飞雨过驴脊峡图(李世琠绘)

◎桂林王城大门全景

◎漓江大瀑布饭店

◎桂林漓江剧院

◎2017 年，耐园已经成为危房，破败不堪

王介之隐居耐园

WANG JIE ZHI YIN JU NAI YUAN

南明永历五年(1651)夏，王船山自桂林回南岳，整理残书。其时，王船山之兄王介之已经隐居耐园。王船山至衡阳县西长乐乡石仙岭下耐园，看望兄长王介之。石仙岭，又名石狮岭，在衡阳县关市镇，与大云山紧连。

耐园，今衡阳县关市镇三阳村(原胡井村，

◎2019 年，耐园已经坍塌（王靖摄）

今与龟山村、石狮村合并）王新屋组。

距离王新屋 1 里地有王老屋（衡阳县关市镇三阳村王老屋组），王老屋的建筑也不复存在，只保留了一扇门。

王船山兄长王介之葬伍家埠头，伍家埠头今名伍家排，在衡阳县关市镇石麓村（原正当村，今正当村与石禾村、石六村合并为石麓村）。

◎王老屋仅存的门

◎公至长乐乡石仙岭耐园图(李世琠绘)

◎披云楼

◎今德庆

再到肇庆 ZAI DAO ZHAO QING

南明永历五年(1651)秋,王船山再赴肇庆,披云楼是当年永历朝文武百官议事理政的地方。

王船山至德庆州,谒堵允锡于舟中,堵公授军谣10首。德庆州,今广东省德庆县,在肇庆西。

再到桂林被困水寨 ZAI DAO GUI LIN BEI KUN SHUI ZHAI

清顺治七年(1650),是南明永历四年,春正月,王船山再至桂林。32岁的王船山继娶襄阳郑仪珂之女郑氏。郑仪珂,字履声,襄阳人,郡文学。

王船山至梧州任永历朝行人司行人介子。

四月,王船山为营救被诬陷下狱的金堡,三次上书弹劾王化澄,王化澄欲杀王船山,被义军将领高一功所救,逃桂林投瞿式耜。

◎水寨有一条小溪,天旱时,其他地方都没有水了,小溪不干,故名

◎永福县苏桥镇石门村水寨组

王化澄(? —1652),字登水,江西金溪人。崇祯七年(1634)进士,拥立永历帝,官至东阁大学士。

高一功(约1583—1651),字国勋,汉川人,李自成妻弟,明末农民起义军将领。

八月,清兵至桂林,王船山夫妇逃到永福。郑孺人是王船山的第二任妻子,曾与他一起颠沛流离,出生入死,历尽艰辛。夫妻一度幽困永福水砦,卧而绝食四日。后来夫妻二人间道归楚,恰遇桂城失陷,淫雨60日,无路可走。有《续哀雨诗》4首,序云:“庚寅冬,余作《桂山哀雨》四诗,其时幽困永福水砦,不得南奔。水砦,今作水寨。永福水寨,在桂林西南百里。”

◎公困永福水砦图(李世琠绘)

◎石狮岭远眺

重回续梦庵再赴石狮岭

CHONG HUI XU MENG AN ZAI FU SHI SHI LING

清顺治八年(1651)正月,王船山偕夫人郑孺人挈侄儿王敉回衡阳,避居双髻峰续梦庵,誓不剃发。奉养母亲。

十月,到石狮岭(石仙岭)涉园看望郭凤跹,问候疾病。

第二年春,过莲花峰,经过桐油岭西明寺,追怀悟一上人。

桐油岭在衡阳市南岳区,莲花峰南,方广寺西。桐油岭又名断山岭,当地老百姓流传有桐油烫腰,才能挖断龙脉的故事。

释悟一,南岳西明寺主僧。王船山有《过西明寺追怀悟一上人,示苍枝慈智》七绝诗 2 首。中华书局出版的《王船山年谱》50 页作“怡一上人”记录有误。

◎石狮岭(李世瑛绘)

◎公过涉园问疾图(李世琠绘)

◎公过西明寺追怀悟一上人图(李世瑛绘)

◎大云山主峰

避居耶姜山 BI JU YE JIANG SHAN

王船山徙居耶姜山侧，至白云庵。

耶姜山，今名大云山，海拔996.4米，是湖南省邵东县最高峰。这里地形逶迤，峰峦拔萃。王船山从衡阳到此避难，隐居3年。

李定国大败清军，收复广西。八月，李定国进军湖南，收复衡阳，派人请王船山。王船山有鉴于孙可望把持永历朝政，犹豫不决，没有成行。

李定国（1621—1662），字宁宇（或云字一人，初名如靖），南明永历政权抗清名将，陕西榆林（或作延安）人。

◎公侨居邵阳耶姜山图(李世琠绘)

◎公过白云庵茶话图(李世琠绘)

◎邵阳铁塘罗从义家，王船山住过的百子冲

◎邵阳铁塘罗从义家，王船山住过的老梅冲(王俊摄)

◎远眺三阳山

孙可望(？—1660)，陕西延长县(或作米脂县)人。明末张献忠农民起义军主要将领，南明永历时期权臣。

王船山居耶姜山侧三年，大多在大云山白云庵、长夏庵、石狮岭耐园(今王新屋)、涉园(今王老屋)、枫木岭、三阳山、邵阳中乡(今石株桥村)、铁塘等地。王船山在铁塘罗从义家住过的百子冲（今属邵东县灵官殿镇思裕村)、老梅冲(今属邵东县灵官殿镇思远村)房子还在。

大云山坐落在衡阳县井头江镇与关市镇，是衡阳县与邵东县的界山。石狮岭是大云山余脉。枫木岭有二，一在关市镇枫木村，一在祁东县马杜桥乡。三阳山又名三面山、三座山，由三座山峰组成，位于关市镇石湾村。该山临接衡阳、祁东、邵东三县，故有“一脚踏三阳”之称。

◎隘口，古时衡阳通往祁东枫木岭的必经之地

◎隘口旁边有个很陡峭的石梯——百步磴

◎枫木岭（李世琠绘）

常宁变瑶人 CHANG NING BIAN YAO REN

清顺治十一年(1654)八月,王船山和妻子郑氏避居于零陵北洞的钓竹源(祁阳县小金洞乡)、云台山等处。

王船山听说侄儿王敉在衡阳被清军杀害,甚感悲痛。是年冬,徙居常宁西南西庄源的山寺。王船山变易服装,改换姓名,自称是瑶人“碗复之”(王夫之谐音)。他为常宁文士讲授《周易》《春秋》。

◎阳明山北洞

◎祁阳云台山

◎公避兵零陵北洞图(李世琪绘)

王文俨，称东卜先生，常宁人。王船山隐居小祇园侧西庄园，食饮皆王文俨供赡之。

西庄园位于常宁市洋泉镇西南村，其东南有1972年所修的洋泉水库。在3年隐居期间，虽然生活颠沛流离，但是各类学识的沉淀和激荡，让王船山搭建了博大而宏伟的思想基础，终其一生，绵远流长。

第二年，王船山流亡至兴宁，寓荒山僧寺，为学者讲授《周易》。

◎常宁西庄园(摄于1915年，作者不详)

◎常宁西庄园(2019年，欧阳明勇摄)

◎常宁西庄园，大树还在(2019年，欧阳明勇摄)

◎资兴兴宁山

◎公徙居常宁西庄园图(李世琠绘)

◎王船山改变服装，更换姓名，流亡于荒山窑洞（陈白一绘）

◎公客游兴宁山中寓居僧寺图(李世琠绘)

《潇湘小八景》词 《XIAO XIANG XIAO BA JING 》CI

清顺治十三年(1656),王船山作《潇湘小八景》词。潇湘小八景就是现在的衡阳八景。

是年,王船山完成《老子衍》,这是王船山的第一部理论著作。

三月,王船山完成《黄书》。

冬,王船山从常宁返回衡阳,有诗《重登双髻峰》。

第二年春居西庄源。四月徙归续梦庵。

◎雁峰烟雨(以下图片均摄于1926年,作者不详)

◎石鼓江山

◎东洲桃浪

◎西湖荷花

◎花岳春溪

◎岳亭雪岭

◎朱陵仙洞

◎青草渔灯

◎小云山

始访小云山 SHI FANG XIAO YUN SHAN

清顺治十四年(1657)十二月,王船山至小云山访刘近鲁。刘近鲁,字庶先,衡阳人。王船山常访友人刘近鲁,刘近鲁藏书6000余卷,向其借阅研究。并作有《小云山记》和《登小云山》诗。小云山又名金华山,位于库宗桥镇境。刘氏聚集在牌楼冲(现库宗桥镇渣坪村顺石组)。

《湖南省博物馆馆刊》2012年第九辑载刘利《栖伏林谷,孤光远瞩——读〈李世琠画王船山棲伏图〉》一文注明小云山“在湘西群山之东”有误。

第二年40岁的王船山仍然居住在双髻峰续梦庵,并完成《家世节录》。

清兵下永昌,王船山深痛山河易主,作诗词《山居杂体药名》《山居杂体县名》《山居杂体建除》《南岳摘茶》等。这些诗文,从另一个侧面显示了南岳厚重的茶文化。

◎小云山(李世琠绘)

◎公还衡阳登双髻峰图(李世琠绘)

◎公至小云山访刘公近鲁图(李世瑛绘)

徙居败叶庐 XI JU BAI YE LU

清顺治十七年（1660），42 岁的王船山由续梦庵徙居湘西金兰乡高节里，筑败叶庐。

金兰乡，现名衡阳市衡阳县金兰寺镇。原金兰乡包括曲兰镇、山水乡、石坳乡、檀桥乡、贺市乡、金兰寺镇等。

茱萸塘又名姚家塘，在衡阳县曲兰镇湘西村（原属竹花村，现竹花村与湘西村合并为湘西村）四彩组。

败叶庐，金兰乡茱萸塘村临时搭建起的草庐。王敔《湘西草堂记》就记载："迄岁庚子，乃徙居于湘西之金兰乡，卜舍于茱萸塘。初筑小室，名之曰'败叶庐'，蓬檐竹牖、植木九株，编篾为壁。"

◎败叶庐（摄于 1915 年，作者不详）

◎茱萸塘（王崇豪摄）

◎败叶庐（李世琠绘）

◎公居败叶庐图(李世琠绘)

葬郑夫人于大罗山 ZANG ZHENG FU REN YU DA LUO SHAN

清顺治十八年(1661)六月,王船山的妻子郑氏病卒,葬大罗山脉虎形山。

王船山登南岳,悼念郑孺人,九月作《初度日占》。王船山把《续落花诗》《广落花诗》《补落花诗》等69首与《正落花诗》合编为《落花诗集》。

清康熙元年(1662)四月,王船山惊闻永历帝在昆明亡,李定国、李来亨先后殉国,悲愤至极,作三续《悲愤诗》100韵。

◎马路正对的青山就是大罗山脉虎形山

◎胡塘水库右边的山坳就是铁铺坳

◎铁墙坳古处村

铁墙坳访王恺六 TIE QIANG AO FANG WANG KAI LIU

清康熙二年(1663),王船山看杜鹃花至铁墙坳,入王恺六新庄。铁墙坳,现名铁铺坳,就在曲兰镇船山村(原属东亮村,现东亮村与船山村、九江村合并为船山村)。

◎公至铁墙坳入王公恺六新庄图(李世琠绘)

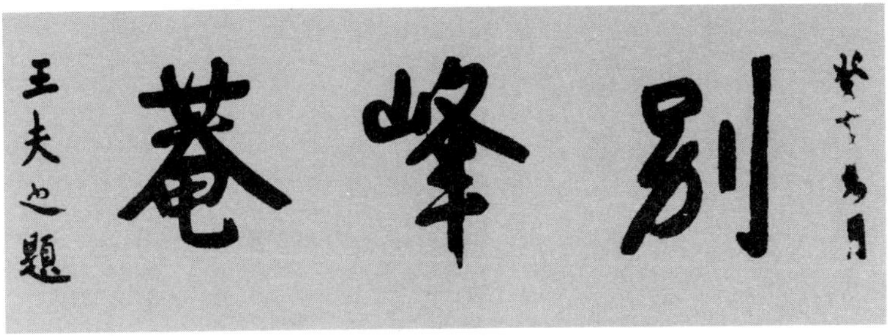

◎“别峰庵”匾额题字，原物存衡阳市博物馆

书写“别峰庵” SHU XIE “ BIE FENG AN ”

清康熙二年（1663）六月，王船山读金堡《遣兴诗》，和韵作《遣兴诗》100 余首（《遣兴诗》76 首、《广遣兴诗》58 首），并完成《周易外传》《尚书引义》。

◎别峰庵（摄于 1917 年，作者不详）

◎南天峰

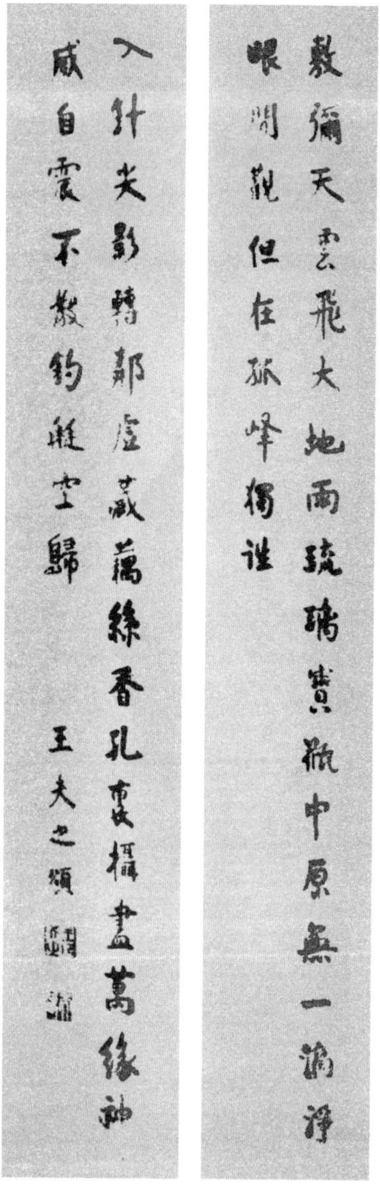

◎王船山书别峰庵对联

◎南天峰中间有一块很大的坪，即别峰庵遗址

十月，王船山为别峰庵主僧二如长老书题庵名、对联。

释二如，明末遗民，与王船山友善。

别峰庵位于南天峰，今衡阳县演陂桥镇石油村永石组（原石塘村，今石塘村与油溪村合并为石油村）。

《王船山手迹》载明“别峰庵位于衡山南天峰”，有误。

《船山全书》16 册载明 “别峰庵，在衡山南天峰，距湘西草堂三十里”，也有误。

小云山亲家刘近鲁 XIAO YUN SHAN QING JIA LIU JIN LU

清康熙三年(1664),王船山在败叶庐设馆讲学。

在此，他为长子王攽娶刘近鲁女。王攽,《船山学刊》2010年第3期32页寻霖《王船山与衡阳刘氏之交往及佚文》作“王放”,显然是错误的。

王船山游小云山,刘近鲁家族聚集在小云山下牌楼冲。今衡阳县库宗桥镇建坪村顺石组(原属渣坪村,现与建录村、荷山坪村合并为建坪村),现在还有刘氏宗祠遗迹。

◎小云山下刘宅遗址(摄于1916年,作者不详)

◎大云山雄姿

铁墙坳、大云山 TIE QIANG AO 、DA YUN SHAN

清康熙四年(1665),王船山重订《读四书大全说》。

过王恺六山庄,看盈亩凤仙花。

夏,游大云山妙峰庵。

◎铁墙坳前有广阔的田地

◎公游大云山妙峰庵图(李世琠绘)

◎牌楼冲刘氏宗祠(现库宗桥镇建坪村顺石组)

小云山、铁墙坳　XIAO YUN SHAN 、TIE QIANG AO

◎王恺六山庄铁铺坳的老屋就要坍塌

清康熙四年(1665)秋，王船山登小云山,《船山公年谱》:“围棋倦罢，读王伯谷集。”后面我们还能全面看到,对于琴棋书画,王船山是无所不精的。

清康熙五年(1666),王船山居败叶庐,48岁头发渐白。

清康熙六年(1667)夏，王船山避暑王恺六山庄,老屋虽然坍塌很多，但是还是看得出其规模较大，从窗户看就知道是读书人的家。

◎虎塘

亲家刘象贤招游虎塘

QING JIA LIU XIANG XIAN ZHAO YOU HU TANG

湘乡刘象贤招王船山至湘乡虎塘，为其族谱作序。王船山为子敔聘刘象贤女为妻。

刘象贤，字若启，号懿庵，湘乡人，王船山同科举人。

其住地在湘乡县西，山清水秀、风景优美、物产丰富，有龙塘、虎塘。塘上有泉四十八泓，涌为巨浸。虎塘，在今湖南省双峰县杏子铺镇虎塘村，毗连王毛村、溪口村。虎塘长300多米、宽100多米，很难照到全景，近处、远处都有大片荷花。

◎刘公象贤招泛虎塘图(李世琠绘)

◎湄水,在湘乡县西

清康熙七年(1668),衡阳唐端笏拜在王船山门下,王船山著名的学生先后有20多人。

三月,至湘乡,与李国相同泛湄水。

六月,与刘象贤游虎塘。

七月,王船山修成《春秋家说》3卷,《春秋世论》5卷。王船山自28岁受父命编写《春秋家说》,先后用时22年。

◎虎塘虎腰处,左边的石磴供取水用

◎公与李公国相月泛湄水图(李世琠绘)

讲学駇阁岩 JIANG XUE SA GE YAN

清康熙八年(1669),王船山娶张氏。

他与唐端笏游駇阁岩,为之剖示学术源流。岣嵝峰有岣嵝书堂、駇阁岩两所书院。岣嵝书堂几经修建,仍破旧不堪,现名船山书屋,而紧邻的駇阁岩旧址已建成岣嵝宾馆。

◎岣嵝书堂

《湖南省博物馆馆刊》2012年第九辑刊刘利《栖伏林谷,孤光远瞩——读〈李世琠画王船山棲伏图〉》幅二十三:《駇阁岩》注明“在湘乡县”,据本人考证是有误的。

◎駇阁岩旧址上的岣嵝宾馆

他还与唐端笏游昭阳庵。

昭阳庵,今名昭阳阁,在邵东宋家塘街道办事处软塘村、麦子口村、新辅台社区地段,是邵东县最大的公园。

◎昭阳阁

◎驳阁岩(李世琠绘)

◎公与唐先生端笏同游駁阁岩图(李世珙绘)

◎公与唐先生端笏同游昭阳庵图(李世琠绘)

◎桃坞(新湘西草堂)远景

◎桃坞(新湘西草堂)近景

桃坞访李国相 TAO WU FANG LI GUO XIANG

王船山至桃坞,访李国相不遇。

桃坞,在湘西村菜塘弯,新湘西草堂,即所谓现在的王船山故居,在湘西村萧家组,为衡阳爱国主义教育示范基地、全国文物保护单位、全国爱国主义教育基地。

李国相,字敬公,原籍富平。王船山同科举人,隐居于曲兰。

朱翠涛,王孙,寓居衡阳曲兰翠涛山居听月楼。听月楼已毁,旧址在衡阳县曲兰镇召田村朱氏宗祠。

◎1981年拆迁修建前的桃坞(新湘西草堂)

◎朱氏宗祠

◎观生居旧址

◎观生居旧址上新建的三层楼房门额上还堆塑了"观生居"三字

兴建观生居 XING JIAN GUAN SHENG JU

清康熙八年(1669)冬,王船山在茱萸塘的败叶庐东方1里许,营建了一个易于保暖、封闭性较强的草庵,取名"观生居"。

◎观生居(摄于1915年,作者不详)

观生居在今衡阳县曲兰镇湘西村大椒组(原属竹花村,现合入

◎观生居(李世琠绘)

王船山画传

◎观生居图(李世珙绘)

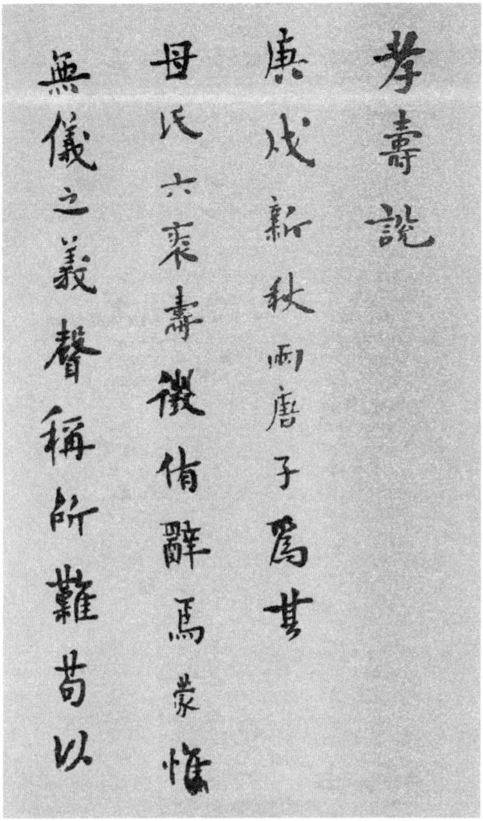
孝壽說
庚戌新秋兩唐子爲其
母氏六袠壽徵侑辭焉蒙惟
無儀之義瞽稱所難苟以

◎《孝寿说》，52岁作，55岁书

湘西村）。他自题堂联“六经责我开生面，七尺从天乞活埋”。旧址现在住户为王庸伶、王庸彪兄弟。

王船山写成《续春秋左氏传博议》2卷、《洞庭秋诗》30首、《雁字诗》19首。辑30岁以来所作诗编成《五十自定稿》1卷。

清康熙九年（1670）春，王船山修定《老子衍》，定本被学生唐端笏携归家遇火灾烧毁，今存本为37岁时的初稿。八月，王船山听闻方以智逝世，作《哭方诗》2章。

当年，王船山还为唐端典母亲作《孝寿说》。

◎排子岭

◎续梦庵对面就是狮子峰

栖伏林谷的回忆 QI FU LIN GU DE HUI YI

王船山《作栖伏林谷三百里》共29首。略作介绍：

排子岭，在衡山县马迹镇马迹村油铺组。另有店门排子岭，见《莲峰志详注》。

溪波岩，又名西坡岩、鸡婆岩，在续梦庵南面。

妙高峰，在方广寺后。

车辙亭，在天台寺旁。

姜斋湾，在莲花峰下。

浯溪碑林，位于祁阳县城南4里处，依傍湘江，北临湘桂铁路，东靠湘粤国道。公元763年，唐代著名散文家、

◎黄沙潭(王曙初摄)

◎浯溪碑林

◎浯溪

◎车辙亭

诗人元结出任道州刺史时，乘舟逆湘江而上，路过此地，爱其胜异，将溪命名“吾溪”(意为:“唯吾独有”),自造“浯”字,命名为“浯溪”,撰《浯溪铭》,浯溪从此得名。

洗衲石，在方广寺前溪边一巨石,传为惠海禅师浣衣处。

补衲台,在方广寺右,又名啸台、恋响台,传为惠海禅师补衣处。

祁东石门，位于祁东县马杜桥乡庙冲村境内,两山对峙,拱立如门,故名。

◎洗衲石(谭民政摄)

◎姜斋湾

◎啸台(谭民政摄)

◎祁东石门

过雪竹山 GUO XUE ZHU SHAN

清康熙十一年(1672),王船山过雪竹山,访茹蘖大师。

雪竹山,在今衡阳县库宗桥镇建坪村(原建录村,现建录村与荷山坪村、渣坪村合并为建坪村)。

释智霈(? —1679),字茹蘖,云南昆明人,俗姓张。

◎雪竹山

◎公过雪竹山访茹蘗大师图(李世珙绘)

◎小云山下书房岭(1915年),王船山在刘家教书的地方

为刘近鲁祝寿 WEI LIU JIN LU ZHU SHOU

清康熙十一年(1672)春,王船山同唐端笏往湘乡祝刘近鲁五十诞辰,访二中园。二中园,在虎塘。是年,王船山54岁。

◎公游二中园图(李世琠绘)

为唐钦文写寿言 WEI TANG QIN WEN XIE SHOU YAN

清康熙十二年(1673),王船山的《礼记章句》初稿成。

三月,写《唐钦文六秩寿言》,并写《两祝后记》。

王船山写《余春歌》为钦文世兄寿,有 1893 年茶园书屋钩刻本。

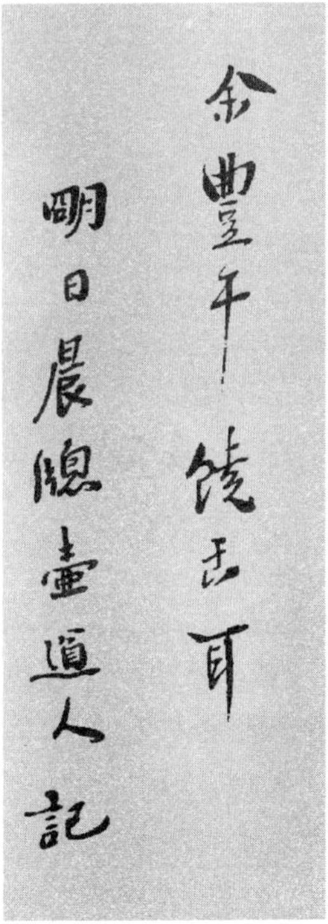

◎《两祝后记》

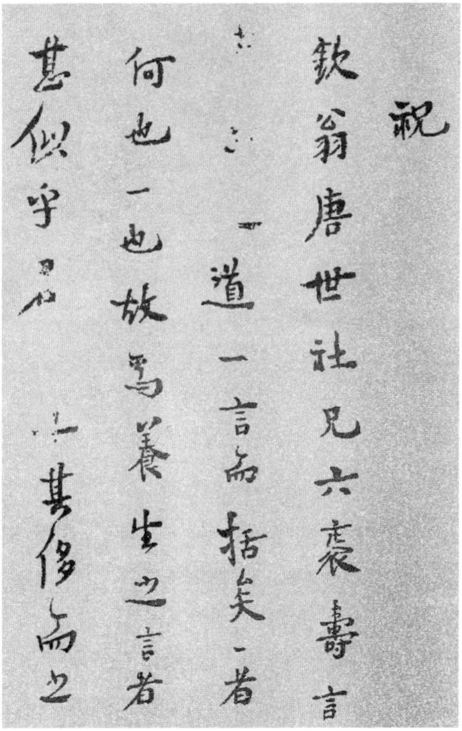

◎《唐钦文六秩寿言》

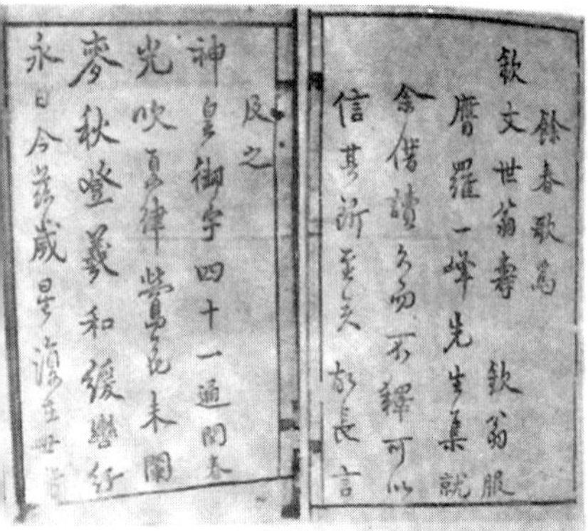

◎茶园村已经合并到福兴村

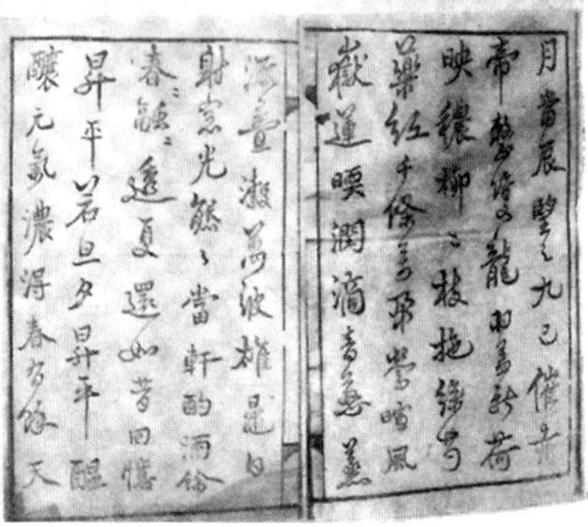

◎茶园书屋钩刻本

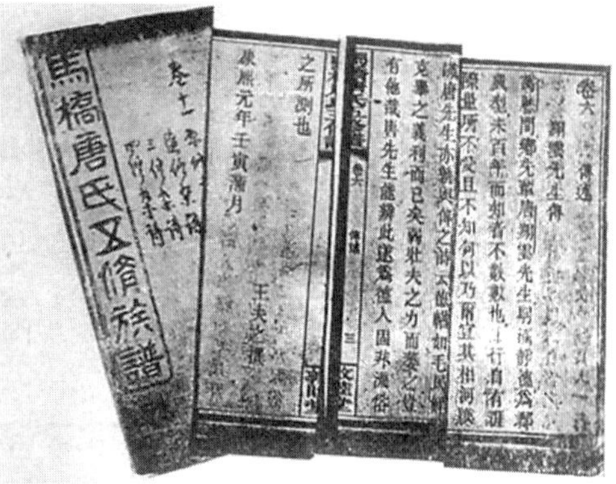

◎茶园马桥唐氏五修族谱

唐钦文、唐端典、唐端笏三父子是茶园马桥人，茶园马桥现属衡阳县三湖镇福兴村。王船山与衡阳三湖镇马桥唐家为数代师友、二代姻亲，清康熙元年（1662）王船山为唐凤仪撰写《翔云先生传》，康熙十二年（1673），王船山为唐凤仪之孙唐克峻写《唐钦文六秩寿言》，并写《两祝后记》。唐克峻从弟唐克恕、儿子唐端笏、唐端典三人都是王船山的学生。王船山四女，曾许字唐端笏儿子唐常适为妻，王敔之子又与唐克恕之女成亲。

◎三湖町是钟武故城旧址

游钟武故城 YOU ZHONG WU GU CHENG

清康熙十二年(1673)秋七月,王船山与唐端笏、唐端典游钟武故城。

钟武故城,在今衡阳县三湖镇荫棠村蒸水与王母河交汇的台地上,钟武故城与茶园距离唐家很近。

◎钟武故城是衡阳县县级文物保护单位

◎公与唐先生端笏游钟武故城图(李世琠绘)

◎伊山寺(王雁鸣摄)

游伊山 YOU YI SHAN

清康熙十三年(1674)正月,吴三桂兵至衡州,王船山避至湘乡。

三月,同唐端笏游伊山。

伊山,在今衡阳县杉桥镇伊山村北端,为淝水之战的东晋主将桓伊读书习武之地。据传,淝水之战后,桓伊功成身退,到伊山隐居,创作了流传千古的名曲《梅花三弄》,其创作的灵感,就源于伊山的梅。

◎伊山（李世琠绘）

◎公游伊山图(李世琠绘)

◎青草湖,湖面广阔

◎青草湖

阻风青草湖　ZU FENG QING CAO HU

清康熙十三年(1674)秋,王船山与唐端笏渡洞庭,阻风青草湖。青草湖,古五湖之一,亦名巴丘湖,在今湖南省岳阳市西南,和洞庭湖相连。因南岸有青草山而得名,一说湖中多青草,冬春水涸,青草弥望,故名。

◎公与唐先生端笏渡洞庭阻风青草湖图(李世琠绘)

◎青草湖(李世琠绘)

◎“旃檀禅林”匾额，今藏衡阳市博物馆

长沙水陆洲遇刘思肯 CHANG SHA SHUI LU ZHOU YU LIU SI KEN

清康熙十四年（1675），王船山寓城北旃檀林，旃檀林在城北 2 里，王船山曾为其写“旃檀禅林”匾额。

二月，王船山去长沙水陆洲（今橘子洲），刘思肯为王船山绘画像。

◎橘子洲今貌

◎公至长沙舟泊水陆洲与刘思肯相遇图(李世琠绘)

◎回雁峰

◎雁峰寺

登回雁峰　DENG HUI YAN FENG

清康熙十四年（1675）六月，王船山与李缓山、章有谟登衡阳回雁峰。回雁峰又称雁峰，地处衡阳湘江西岸，坐落于衡阳市雁峰区雁峰街道雁峰路社区。为八百里南岳衡山七十二峰之首，又称南岳第一峰。潇湘八景之一的平沙落雁和衡州八景之首的雁峰烟雨均坐落于景区。为衡阳市重点文物保护单位、国家 AAA 级旅游区。

《湖南省博物馆馆刊》2012 年第九辑刘利著文《栖伏林谷，孤光远瞩——读〈李世琠画王船山楼伏图〉》幅三十三《回雁峰》注明“在衡山县”，显然有误。

◎公登回雁峰图(李世琠绘)

◎萍乡火车站

◎今萍乡新貌

到萍乡　DAO PING XIANG

清康熙十四年(1675)八月,王船山在萍乡度中秋。

◎公至湘潭阻风访明将张公永明图(李世瑛绘)

◎天心阁

长沙拜蔡道宪墓 CHANG SHA BAI CAI DAO XIAN MU

清康熙十四年(1675),三月,王船山渡洞庭经岳阳至长沙,拜故明蔡忠烈公道宪祠。

蔡道宪,崇祯丁丑进士,长沙守城推官。明崇祯十六年(1643),张献忠率领大西军攻克长沙,蔡道宪被捕,宁死不降,被"剜眼割鼻",凌迟处死,死时仅 29 岁。其墓位于长沙市天心区天心街,天心街是一条最窄处不足 2 米,紧邻着长沙著名景区天心阁的小巷。

◎蔡道宪墓在长沙天心阁北门旁，过城南路一小巷天心街

◎离地面七层麻石上镶嵌一块“同治十二年·蔡忠烈公墓石”

◎东台山国家森林公园大门

◎东台山下

过东台山　GUO DONG TAI SHAN

王船山过东台山。

东台山位于湖南省湘乡城南经济开发区，与市区隔涟水相望。这里位置优越，交通方便，山体秀美，形如仪凤翔空，昔人美曰“东台起凤”，故名凤凰山，是湘乡八景之首。

◎东台山胜景

◎东台山又名凤凰山

◎东台山(李世琠绘)

营造湘西草堂 YING ZAO XIANG XI CAO TANG

清康熙十四年(1675)九月,王船山去观生居2里许石船山下里人旧址,有茅屋三间,左为住房,右为书房,并自题堂联"芷山沅水三闾国,芜绿湘西一草堂"。"湘西草堂"由此得名。为了有别于"新湘西草堂"(在湘西村菜塘弯),我们称之为"原湘西草堂"。石船山原名红坡岭,大约以山多赭色岩石而名。

原湘西草堂,位于今湖南省衡阳市衡阳县曲兰镇湘西村(原属竹花村,今竹花村并入湘西村)。

◎石船山下湘西草堂(王志伟绘)

王志伟，衡阳县人，画家，水彩画尤精。曾任衡阳县美协主席。征得本人同意，在此附他的《石船山下湘西草堂》画作一幅。

◎今石船山

◎石船山船山泉

◎原湘西草堂遗址

◎石船山(李世琠绘)

◎公徙居石船山湘西草堂图(李世琠绘)

◎夫之寻访蒙圣功(王建设绘)

◎蒙正发请王船山为《三湘从事录》作序(朱弘毅绘)

好友蒙正发 HAO YOU MENG ZHENG FA

清康熙十五年(1676),王船山访蒙正发。

蒙正发(1617—1679),本姓甘。少孤,随继父姓蒙,字圣功,明末湖北崇阳人,有传世文集《三湘从事录》《漆园放言》《芦草龙壁吟》等书,王船山为之作序,并为之撰写墓志铭。

蒙圣功隐居衡阳县茅市镇,葬于斗岭(今衡南县茅市镇白木村茶叶组)。

王建设,衡阳知名书画家。征得本人同意,在此附他的画作一幅。

朱弘毅,著名船山学学者朱迪光之子,本书所选的朱弘毅两幅画作,都是根据朱迪光著述内容而创作的,经本人同意刊登于此。

◎公过斗岭图(李世琪绘)

◎昭山

至昭山 ZHI ZHAO SHAN

清康熙十五年(1676),王船山坐船下湘江至长沙,因风停泊昭山。昭山位于湘潭市东北40里的湘江东岸,为长沙、湘潭、株洲三市交界处。

◎雁峰成了今日衡阳的标志

乘小舟登雁峰 CHENG XIAO ZHOU DENG YAN FENG

清康熙十六年(1677),王船山乘小舟至郡,登回雁峰。

◎雁峰寺高其佩
18世纪初书写的匾额

写《礼记章句》

XIE《 LI JI ZHANG JU 》

清康熙十六年(1677)七月，王船山居湘西草堂完成《礼记章句》49卷定稿。

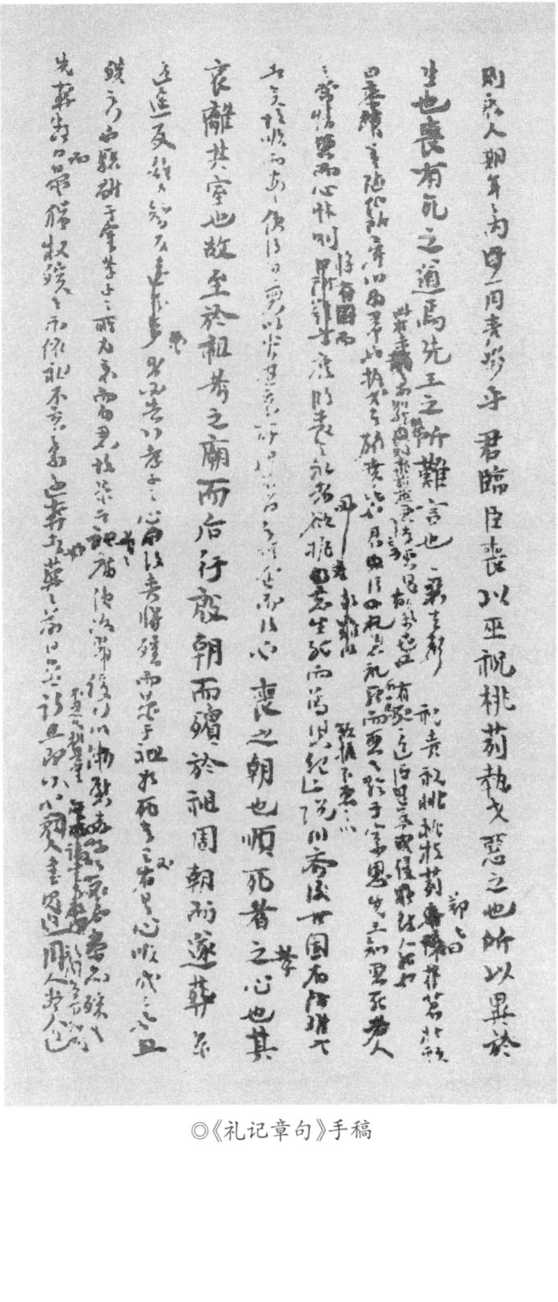

◎《礼记章句》手稿

◎吴逆僭号衡州公逃入深山作《祓禊赋》图(李世琠绘)

痛失爱女 TONG SHI AI NU

清康熙十七年(1678)三月,吴三桂称帝衡州,求王船山的劝进表,被王船山拒绝。王船山遁入深山作《祓禊赋》以明志。

八月,60岁的王船山7岁小女夭折,哀写"梅冢"。

◎原石已被土覆盖,经旁边住户徐庆满指证,梅冢石碑应在此处

◎梅冢旁三四百年旧屋

◎楂林山

避兵楂林山　BI BING ZHA LIN SHAN

◎楂林村

◎楂林山上种满了杨梅树，吸引大量游客

清康熙十八年（1679）二月，清军复衡阳，王船山避兵山林中写成《庄子通》。王船山与章有谟避兵楂林山中，楂林山在娄底市娄星区百亩乡楂林村四湾组。

湖湘文库《王船山先生诗文事略》一文载有“楂林在衡阳县洪罗庙”，应有误。

《湖南省博物馆馆刊》2012年第九辑刘利著文《栖伏林谷，孤光远瞩——读〈李世瑛画王船山栖伏图〉》幅三十四《石鸡村》载明“在衡州楂林山中”，也为错误。说其著《庄子通有》，也为错误。

◎公与章先生有谟避兵楂林山中图(李世琠绘)

◎蒙公山墓地，第二排正中间一座是蒙正发墓

为蒙正发写墓志铭

WEI MENG ZHENG FA XIE MU ZHI MING

清康熙十八年(1679)秋，王船山闻蒙正发报丧通知，赋诗挽之。蒙正发葬于斗岭，今衡南县茅市镇白木村茶叶组蒙公山。王船山为其撰写墓志铭。

◎李为好山居

过李为好山居 GUO LI WEI HAO SHAN JU

清康熙十九年(1680),王船山为王敔娶湘乡刘象贤之女为妻。

是年,王船山辑50岁以后未收入《柳岸吟》之诗章为《六十自定稿》1卷,修成《宋论》初稿。

当年四月,王船山扶病过李为好山居,连住两夜。李报琼,字为好,衡阳诸生。

◎公过李为好山居图(李世琠绘)

写《噩梦》 XIE《 E MENG 》

清康熙二十年(1681),王船山患哮喘病。

当年秋,应先开上人之表,王船山撰《相宗络索》。为门人讲说《庄子》,写《庄子解》。完成《庄子解》33卷、《相宗络索》1卷、《广哀诗》19首。

清康熙二十一年(1682)九月,王船山完成《说文广义》2卷。十月,完成《噩梦》1卷,署船山遗老。

◎长夏庵遗址,长夏庵后改名长夏祠,现名王家祠堂

◎长夏祠,祭祀的堂屋

十一月,王船山生重病。湖南巡抚与衡州知州拜会,王船山拒不见,礼物全数退还。

王船山省亲介之兄长夏庵,长夏庵在衡阳县关市镇三阳村王老屋组。

◎公省石崖公长夏庵图(李世琠绘)

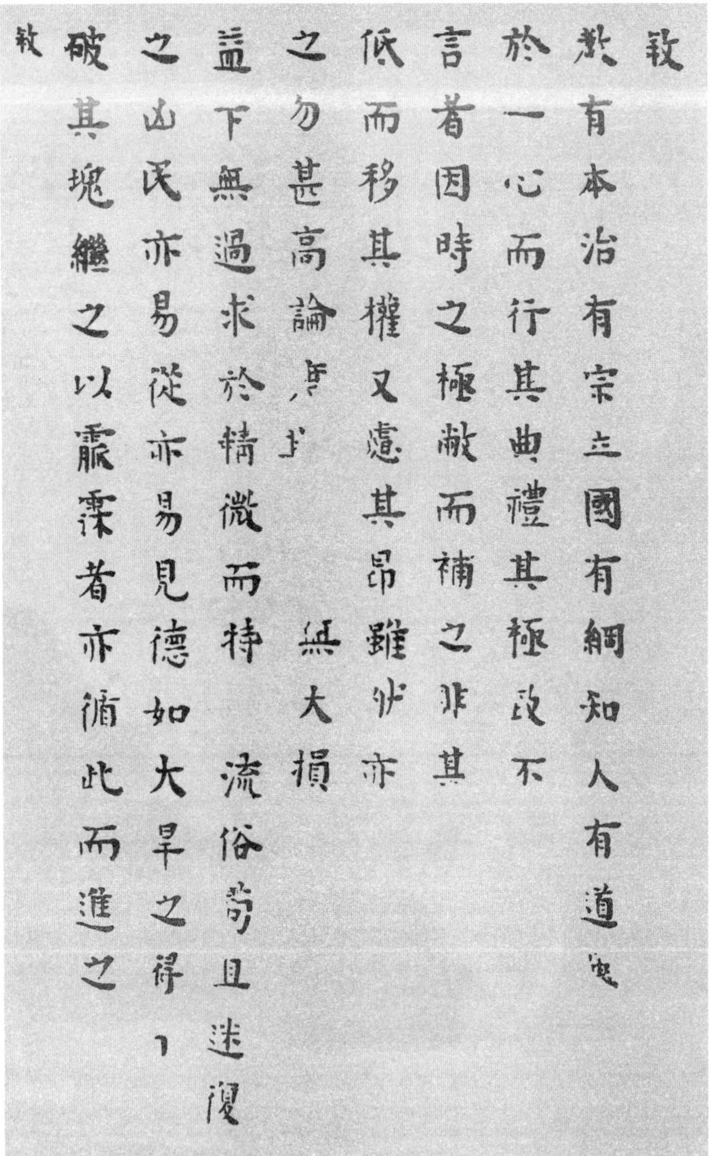

敎

敎有本治有宗國有綱知人有道焉

於一心而行其曲禮其極致不

言着因時之極敝而補之非其

低而移其權又慮其昂雖少亦

之勿甚高論焉耳　無大損

益下無過求於情𢡈而持　流俗苟且迷復

之凶民亦易從亦易見德如大旱之得雨

破其塊繼之以霢霂者亦循此而進之

敎

◎《噩梦》手稿

◎牧云峰

写《牧云常住记》 XIE《MU YUN CHANG ZHU JI》

王船山写《牧云常住记》。现经搜集考证该文是王船山于清康熙二十一年(1682)应牧云庵住持超凡和尚之法嗣瞻大师之嘱而撰写的碑记。牧云峰现属衡阳县洪市镇明翰村(原加福村,现加福村与礼梓村、黄狮村、云华村合并为明翰村),牧云庵就在牧云峰下。

超凡和尚,湖北江陵人,住持牧云庵23年,80而终。此文写于超凡圆寂后3年。刘志盛《王船山佛教史事考述》说《牧云常住记》是王船山给释楚云撰写的,应有误。

《牧云常住记》石碑,是1984年8月衡阳县文管所周新民

◎《牧云常住记》石碑

在衡阳礼梓乡牧云庵发现的。2014 年笔者与山水道农场王延辉在牧云庵为抗日伞兵树碑时，见到石碑严重损坏，便叮嘱王延辉抬回农场，加以保护。

写父母行状 XIE FU MU XING ZHUANG

清康熙二十二年（1683）正月，王船山完成《经义》1卷，重定《诗广传》5卷。七月，郑克塽投降清廷。

是年秋，王船山过先开上人精舍看丹桂。

十一月，王船山撰《显考武夷府君行状》和《显妣谭太孺人行状》。

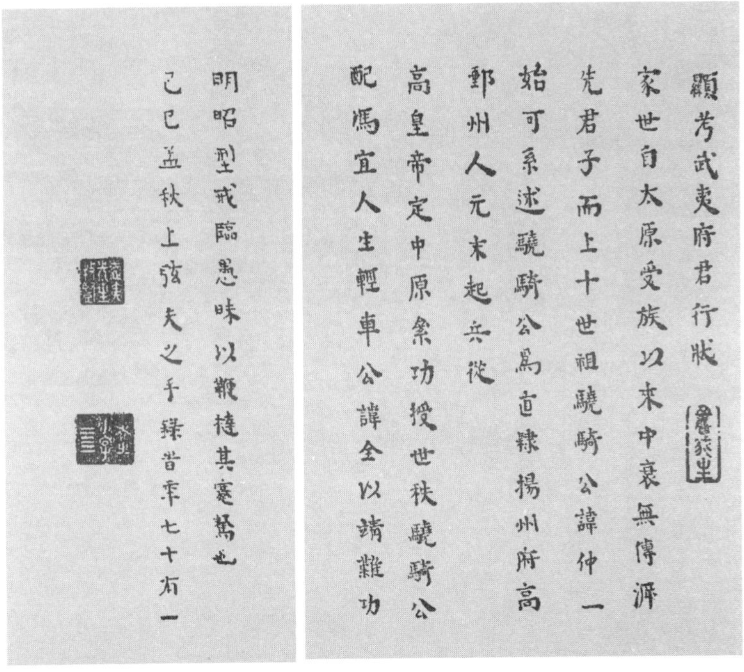

顯考武夷府君行狀
家世自太原受族以來中衰無傳溯
先君子而上十世祖驍騎公諱仲一
始可系述驍騎公爲直隸揚州府高
郵州人元末起兵從
高皇帝定中原彙功授世秩驍騎公
配馮宜人生輕車公諱全以靖難功

明昭型戒臨愚昧以鞭撻其蹇駑也
己巳孟秋上弦夫之手錄旹年七十有一

◎王船山书《显考武夷府君行状》

◎公过先开上人精舍看丹桂图(李世琠绘)

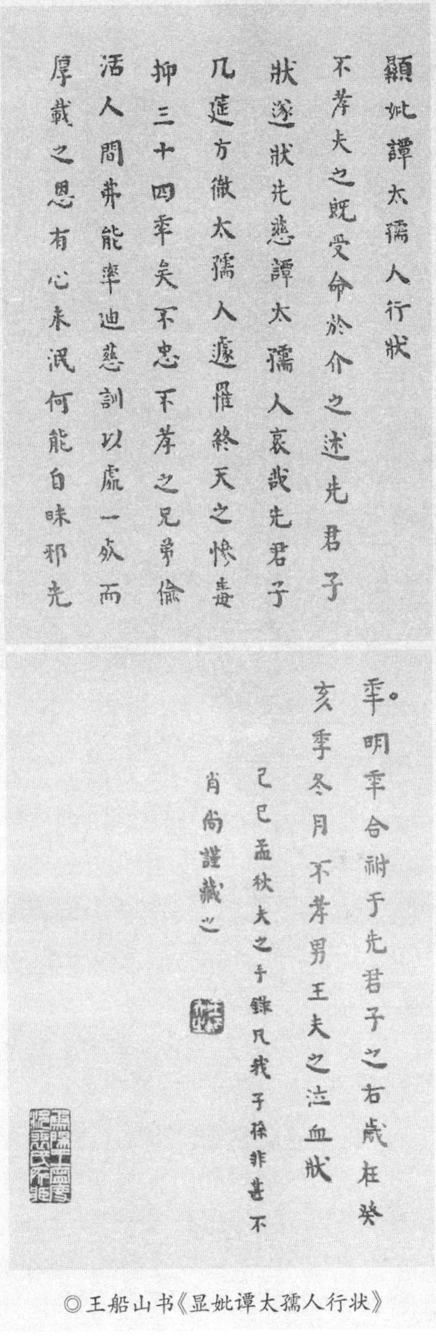
顯妣譚太孺人行狀
不孝夫之旣受命於介之述先君子
狀遂狀先慈譚太孺人哀哉先君子
几筵方徹太孺人遽罹終天之慘毒
抑三十四年矣不忠不孝之兄弟偷
活人間弗能率迪慈訓以慮一飯而
厚載之恩有心未泯何能自昧耶先
年。明年合祔于先君子之右歲在癸
亥季冬月不孝男王夫之泣血狀
己巳孟秋夫之手錄凡我子孫非甚不
肖尚謹藏之

◎王船山书《显妣谭太孺人行状》

◎古宝宁禅寺（作者不详）

◎修复后的宝宁寺规模宏大

纂修《宝宁寺志》 ZUAN XIU《BAO NING SI ZHI》

清康熙二十三年（1684）春，王船山大病垂危。秋，王船山身体有起色，在病中完成《俟解》一卷。十月，王船山旧病复发。当年端午，作《俟解题解》。

王船山应释智韬之约聘，赴攸县，参加了康熙《宝宁寺志》的纂修校阅工作，撰书《宝宁寺志序》等文章。

释智韬，字舌剑，一字万峰，俗姓刘，衡阳人，清初湖湘著名僧人。原住持衡州东山寺，清康熙四年（1665），攸县僧俗人等联名上书，恭请他任宝宁寺住持。康熙二十三年（1684）纂修《宝宁寺志》时，释智韬之于王船山是极其崇敬的。他在给船山信中公开声明说“不愿成佛，愿见船山”之语。

◎珍珠岩

游珍珠岩

YOU ZHEN ZHU YAN

清康熙二十四年（1685）夏，王船山游衡州明谿寺，留宿，山僧导游珍珠岩。明溪寺、珍珠岩在衡阳县石市乡珍珠村，明溪寺又称作珍珠禅寺，为衡阳县重点文物保护单位。

◎明谿寺

◎公游明豁寺珍珠岩图(李世瑛绘)

书《传家十四戒》 SHU《CHUAN JIA SHI SI JIE》

康熙二十四年(1685),王船山完成《张子正蒙注》9 卷。八月,完成《楚辞通释》14 卷,为学生们撰《周易内传》6 卷、《周易内传发例》1 卷。

当年,王船山同意次子王敔赴县试,中秀才。康熙二十五年(1686),王船山大病,险些病亡。五月,王船山跋《耐园家训》。六月,王船山书《传家十四戒》。

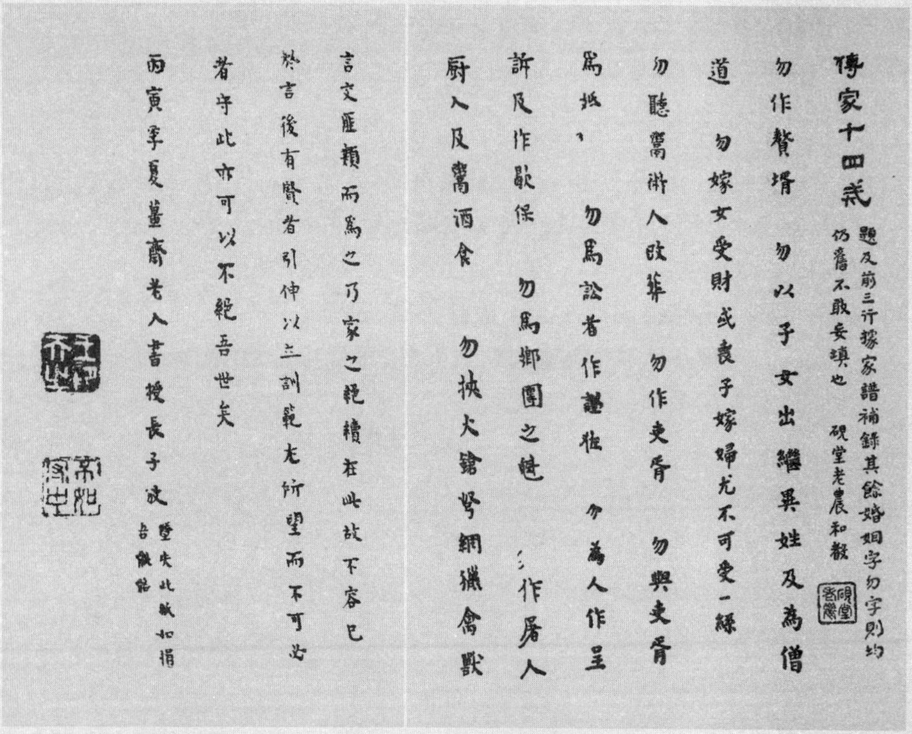

傳家十四戒

題及前三行據家譜補錄其餘婚姻字勿字則均仍舊不敢妄填也 硯堂老農和叡

勿作贅壻 勿以子女出繼異姓及為僧道 勿嫁女受財或喪子嫁婦尤不可受一絲 勿聽鬻術人改葬 勿作吏胥 勿與吏胥為姻 勿為訟者作證佐 勿為人作呈訴及作歇保 勿為鄉團之魁 勿作屠人廚人及鬻酒食 勿挾火鎗弩網獵禽獸

言文匯類而為之乃家之絕續在此故不容已然言後有賢者引伸以立訓範老所望而不可必者守此亦可以不絕吾世矣

丙寅季夏薑齋老人書授長子攽 墜失此紙如捐吾骸骼

◎王船山书《传家十四戒》

耐园治丧　NAI YUAN ZHI SANG

康熙二十五年(1686)夏,王船山回忆29岁前10余年诗作辑成《忆得》1卷。

八月,王船山重新修订《周易内传》《周易内传发例》。秋,王船山撰《石崖先生传略》。

是年冬,王介之病逝,王船山奔赴长乐乡耐园治丧,归来作《孤鸿赋》。王船山对王介之的情谊是非常深的,王介之17岁中秀才,即在王氏家塾教书,是王船山的启蒙老师。是时王船山刚4岁,在兄长的严厉教导和循循善诱之下,王船山7岁读毕十三经,打下了深厚的学问功底。两人又一起中举。在后来颠沛流离的日子里,王船山有时还带着侄儿王敉一起奔走。王介之隐居长乐乡,他不仅多次探望,而且一块住了3年。虽然王介之去世时已81岁,但是兄弟总有难分难舍之情。

耐园在今衡阳县关市镇龟山村王新屋组,王介之墓在衡阳县关市镇正当村伍家埠头(今石麓村伍家排)。

◎公赴耐园治丧图(李世琠绘)

◎前面的青山就是伍家排，王介之墓地（王俊摄）

写成《读通鉴论》初稿 XIE CHENG《DU TONG JIAN LUN》CHU GAO

清康熙二十六年（1687）正月，王船山病情加重，完成《读通鉴论》初稿。九月，王船山抱病送兄柩入土。“通鉴”是指司马光的《资治通鉴》，王船山通过《读通鉴论》系统地评论自秦至五代之间漫长的封建社会历史，分析历代成败兴亡，盛衰得失，臧否人物，总结经验，引古鉴今，探求历史发展进化规律，寻求中国复兴的大道。全书约60余万字，分为50卷，每卷之中以朝代为别；每代之中以帝王之号为目，共30目；目下又分作一个个专题；另在卷末附有叙论4篇。该书文采飞扬，议论纵横，新见迭出，论点精到，堪称传统史论中最系统最精彩的杰作，同时也全面地反映王船山进步的历史观和政治思想倾向。

◎公过三座山与故人罗公映相遇图(李世琠绘)

◎蕉畦——今湘西草堂

王敔蕉畦授生徒 WANG YU JIAO QI SHOU SHENG TU

清康熙二十七年（1688），王敔在蕉畦授生童经业。蕉畦即李国相桃坞处，今衡阳县曲兰镇湘西村萧家组。

蕉畦——新湘西草堂已经被错误地当作船山故居，国务院认定为全国重点文物保护单位，对于宣传王船山及其思想还是能起到一定作用的。

蕉畦——新湘西草堂陈列的展品有古琴（复制品）及王船山绘画（复制品）。结合王船山在小云山与刘近鲁下围棋，可以看出王船山对于琴棋书画无一不精。

五月，王船山完成《南窗漫记》1卷。秋，完成《霜赋》，撰写《武夷先生暨谭太孺人合葬墓志》。冬，王船山辑60岁后

◎20世纪80年代计划在藤龙处恢复蕉畦建筑，未成。被王船山称作“藤龙”的紫藤，至今叶茂花繁。

◎枫马，此树历经400年风雨，死于2008年冰冻。

诗作《七十自定稿》1卷。

他衰病不再外出，开始写《读通鉴论》。九月安葬长兄，从此不复外出。自订《四书训义》40卷，今存38卷。

清康熙二十八年（1689），71岁的王船山病中著《识小录》1卷。四月，重定《尚书引义》。

◎蕉畦图(李世琠绘)

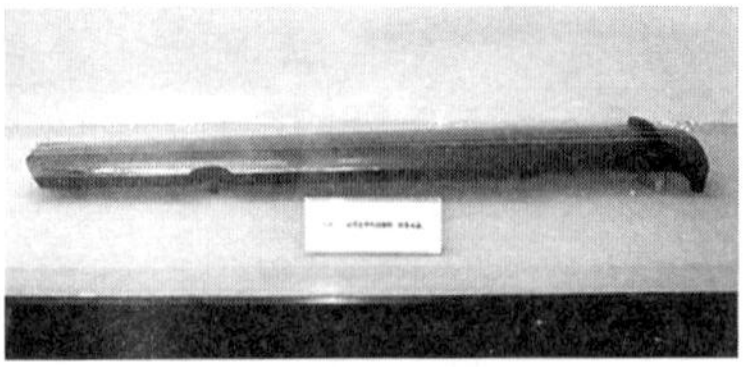

◎唐琴(复制品)

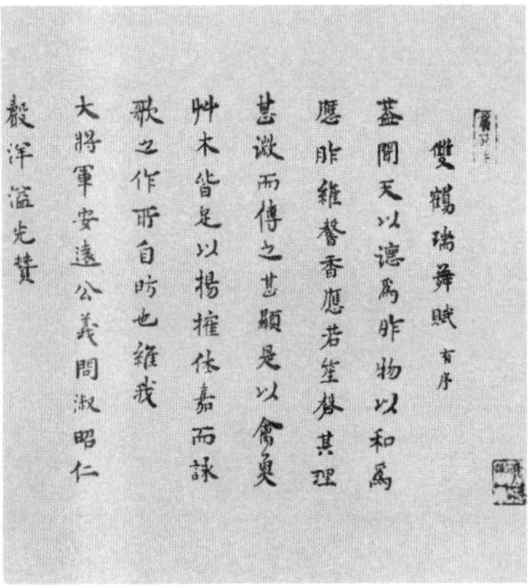

◎王船山书法《双鹤瑞舞赋》

九月,刘思肯来为王船山画像,王船山为自己的画像题词《鹧鸪天》。

刘思肯,衡阳画家。

◎王船山山水画(复制品)

◎刘思肯为公重写小像图(李世琠绘)

自题墓石 ZI TI MU SHI

王船山为自己的墓碑书《自题墓石》。

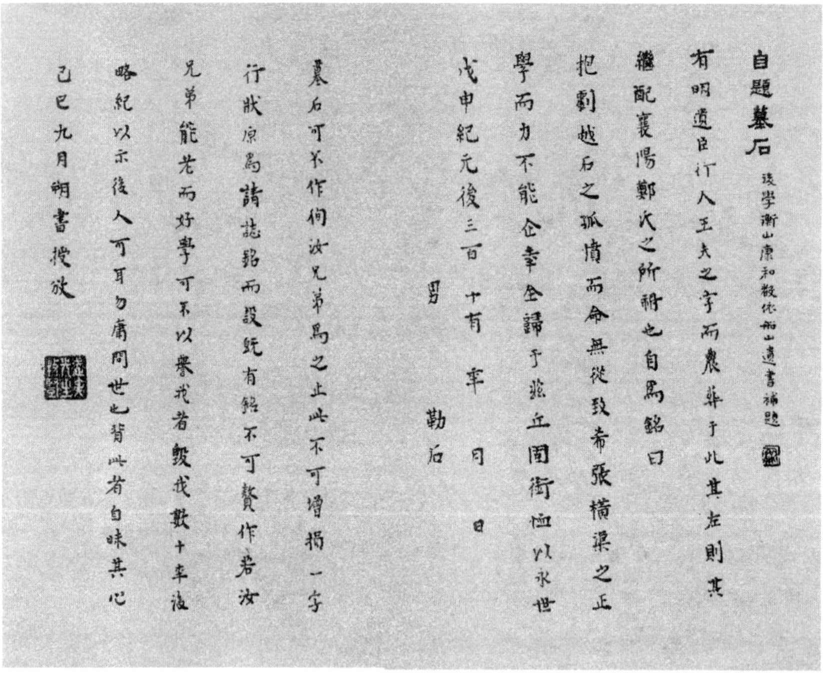
自題墓石 後學衡山康和聲依船山遺書補題
有明遺臣行人王夫之字而農葬于此其左則其
繼配襄陽鄭氏之所祔也自爲銘曰
抱劉越石之孤憤而命無從致希張橫渠之正
學而力不能企幸全歸于茲丘固銜恤以永世
戊申紀元後三百 十有 年 月 日
男 勒石
墓石可不作徇汝兄弟爲之止此不可增損一字
行狀原爲請誌銘而設既有銘不可贅作若汝
兄弟能老而好學可不以譽我者毀我數十年後
略紀以示後人可耳勿庸問世也背此者自昧其心
己巳九月朔書授攽

◎王船山书《自题墓石》

重订《张子正蒙注》

CHONG DING《ZHANG ZI ZHENG MENG ZHU》

清康熙二十九年(1690)正月,王船山完成《夕堂永日绪论》2卷。

夏,王船山重订《张子正蒙注》。《正蒙》是张载最主要的著作。他的哲学思想的精粹,具体表现在这部著作里。朱熹曾经给这书做过注解,名《正蒙解》,虽然也表示推崇,大部分却把张载的理论歪曲了。后来做注的很多,都不及王船山精确。王船山的这部《张子正蒙注》,不但充分阐明作者的思想,更进一步发展了张载哲学,而且对于原著上有些观点表示不同的见解,对于字句的错误也做了不少的校正。《张子正蒙注》是王船山的主要哲学著作之一。他通过为北宋张载的《正蒙》一书做注解的形式,继承和发展了张载的朴素唯物主义思想。

六月,王敔妻子刘孺人卒,葬大罗山墓地王船山郑氏夫人墓南侧,中间留有王船山墓地。原来湘乡有一家人的逝者埋在同一个山头的习惯。一家人埋在一处,是民俗。就是儿媳和公公在一处也不为怪,儿媳进祖坟,是肯定的。因为儿媳是传宗接代的自家人,女儿不能进祖坟,嫁出去的女不是自家人。

绝笔《船山记》 JUE BI《CHUAN SHAN JI》

清康熙三十年（1691）四月，王船山咳喘中定稿《读通鉴论》30卷，《宋论》15卷。

九月，王船山作《船山记》，以石船山的“顽石”自况，是其生前最后一篇作品，2012年入选湖湘文化传世经典《湖南九章》。这篇经典美文仅600余字，其内涵却十分深厚。通过对遗世独立的景观和民俗的描画，来抒发自己的高洁情怀、远大抱负和满腔孤愤。他是以山自喻，而又以山自励。船山就是他的化身，他的灵魂。全文如下：

船山，山之岑有石如船，顽石也，而以之名。其冈童，其溪

◎石船山（摄于1915年，作者不详）

◎石船山下的石头亲娘，今天依旧是人们膜拜的对象

渴。其靳有之木不给于荣，其草瘽靡纷披而恒若凋，其田纵横相错而陇首不立，其沼凝浊以停而屡竭其濒，其前交蔽以绞送远之目，其右迤于平芜而不足以幽，其良禽过而不栖，其内趾之狞者与人肩摩而不忌，其农习视其埁埒之坍谬而不修，其俗旷百世而不知琴书之号。然而予之历溪山者十百，其足以栖神怡虑者往往不乏，顾于此阅寒暑者十有七，而将毕命焉。因曰：此吾山也。古之所就，而不能概之于今；人之所欲，而不能信之于独。居今之日，抱独之情，奚为而不可也？古之人，其游也有选，其居也有选。古之所就，夫亦人之所欲也。是故翔视乎方州，而尤佳者出；而局天之倾，踏地之坼，扶寸之土不能信为吾有，则虽欲选之而不得。䠞其不欢，迎其不棘，江山之韶令与愉恬之志相若

◎王船山给学生讲述《惜余鬒赋》(朱弘毅绘)

则相得;而固为棘人,地不足以括其不欢之隐,则虽欲选之而不能。仰而无憾者则俯而无愁,是宜得林峦之美荫以旌之;而一抔之土,不足以荣吾所生;五石之炼,不足以崇吾所事。栫以丛棘,履以繁霜,犹溢吾分也,则虽欲选之而不忍。赏心有侣,咏志有知,望道而有与谋,怀贞而有与辅。相遥感者,必其可以步影沿流,长歌互答者也。而茕茕者如斯矣,营营者如彼矣!春之晨,秋之夕,以户牖为丸泥而自封也,则虽欲选之而奚以为?夫如是,船山者即吾山也。奚为而不可也?

无可名之于四远,无可名之于末世,偶然谓之,歘然忘之,老且死,而船山者仍还其顽石。严之濑,司空之谷,林之湖山,天与之清美之风日,地与之丰洁之林泉,人与之流连之追慕,非吾可者,吾不得而似也。吾终于此而已矣。辛未深秋记。

当年,王船山还为唐端笏写《惜余鬒赋》。

◎王船山墓墓坪，左起：刘氏、王船山、郑氏

◎王船山墓（摄于1915年，作者不详）

◎王船山墓是全国重点文物保护单位

魂归大罗山

HUN GUI DA LUO SHAN

清康熙三十一年，正月初二（1692年2月18日）午时，74岁的王船山卒于湘西草堂，终十月，王船山葬衡阳金兰乡高节里大罗山。大罗山又名大乐山，中为王船山墓，北侧是其继配襄阳郑氏夫人墓，南侧是其儿媳刘氏墓。围墙中部嵌汉白玉碑

◎王船山墓墓碑

◎重修王船山墓记

三块，中碑刻“伟大思想家王而农先生之墓”字样，左碑刻王船山自题墓志铭，石碑刻王船山生平简介。墓碑镌“遗命墓铭”，内容如下：“有明遗臣行人王船山字而农葬于此，其左则继配襄阳郑氏之所祔也。自为铭曰：抱刘越石之孤愤而命无从致，希张横渠之正学而力不能企。幸全归于兹邱，固衔恤以永世。”

◎前朝干净土，高节大罗山

原有墓庐，因为王船山学生唐端笏字须竹，他守墓多年，所以该墓庐又叫“须竹庐”。在衡阳县曲兰镇燎原村扬名组(今船山村老屋组)，现拆除。

旁边紧邻新房为原来守墓庐的后人王增雅、王迪光、王多藏、王多智居住。

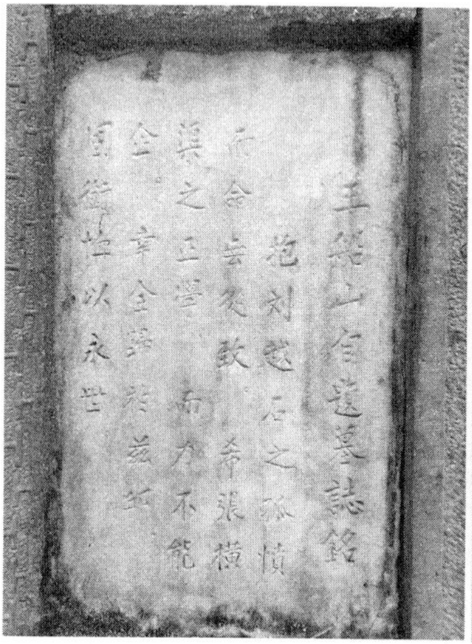

◎王船山自题墓志铭：抱刘越石之孤愤而命无从致，希张横渠之正学而力不能企。幸全归于兹邱，固衔恤以永世

◎王船山生平简介

◎世臣乔木千年屋，南国儒林第一人

◎上山路前的水泥平台就是原来墓庐的位置

◎衡阳高节里大罗山图(李世瑔绘)

主要参考书目 ZHU YAO CAN KAO SHU MU

船山全书.岳麓书社,1996.

王之春著.王船山年谱.中华书局,1989.

周诗永、萧培著.王船山传.天马图书有限公司,2002.8.

康和声著. 王船山先生南岳诗文事略. 湖南人民出版社,2009.

刘春建编著.王船山学行系年.中州古籍出版社,1989.4.

罗正钧著.船山师友记.岳麓书社,1982.9.

涂波著.王船山诗学研究.湖北人民出版社,2006.8.

嘉靖衡州府志.上海古籍书店,1966.10.

万历衡州府志.复印本.

康熙衡州府志.书目文献出版社,1980.

乾隆衡州府志.岳麓书社,2008.12.

雍正衡阳县志.复印本.

乾隆衡阳县志.成文影印出版.

嘉庆衡阳县志.复印本.

同治衡阳县图志.岳麓书社,2010.9.

乾隆清泉县志.复印本.

同治清泉县志.复印本.

清泉县乡土志.复印本.

康熙常宁县志.复印本.

雍正常宁县志.复印本.

嘉庆常宁县志.复印本.

兴宁县志.复印本.

康熙耒阳县志.复印本.

道光耒阳县志.复印本.

光绪耒阳县志.复印本.

衡阳市地方志编纂委员会. 衡阳市志. 湖南人民出版社,1998.9.

湖南省衡阳市地名录.衡阳市人民政府编印,1982.6.

衡阳市地名志.衡阳市地名委员会编,衡阳市人民政府印,1986.3.

衡阳市地名文化.中国人民政治协商会议衡阳市委员会编印,2013.12.

衡阳县志.衡阳县志编纂委员会.黄山书店,1994.

湖南省衡阳县地名录.衡阳县人民政府编印,1981.12.

蒸阳地名编委会.蒸阳地名.湖南地图出版社,2012.12.

衡南县志编纂委员会.衡南县志.中国社会出版社,1992.12.

湖南省衡南县地名录.衡南县人民政府编印.

重印明弘治衡山县志.湘潭大学出版社,2013.11.

康熙衡山县志.复印本.

康熙续修衡山县志.复印本.

乾隆衡山县志.复印本.

嘉庆衡山县志嘉庆.复印本.

道光衡山县志.复印本.

光绪衡山县志.复印本.

衡山县地方志编纂委员会.衡山县志.岳麓书社,1994.12.

湖南省衡山县地名录.衡山县人民政府编印,1982.12.

衡东县志编纂委员会编. 衡东县志. 中国社会出版社,1992.7.

湖南省衡东县地名录.衡东县人民政府编印,1982.12.

乾隆南岳志.复印本.

民国南岳志.复印本.

李元度著.南岳志.中国书店,1990.12.

李元度修纂.南岳志.岳麓书社,2013.7.

湖南省祁阳县地名录.

康熙祁阳县志.复印本.

乾隆祁阳县志.复印本.

嘉庆祁阳县志.复印本.

同治祁阳县志.复印本.

民国祁阳县志.复印本.

祁阳县志编纂委员会.祁阳县志.科学文献出版,1993.

湖南省祁阳县地名录.祁阳县人民政府编印.

祁东县志编纂委员会.祁东县志.中国文史出版社,1992.10.

湖南省祁东县地名录.祁东县人民政府编印,1982.1.

同治常宁县志.复印本.

常宁县人民政府编.常宁县志.社会科学文献出版社,1993.4.

湖南省常宁县地名录.常宁县人民政府编印,1982.11.

耒阳市志编纂委员会编.耒阳市志.中国社会出版社,1993.2.

湖南省耒阳县地名录.耒阳县人民政府编印,1984.12.

乾隆永兴县志.复印本.

光绪永兴县志.复印本.

永兴县志编纂委员会编.永兴县志.中国城市出版社,1994.6.

湖南省资兴县地名录.资兴县人民政府编印,1983.12.

嘉靖湘潭县志.复印本.

乾隆湘潭县志.复印本.

嘉庆湘潭县志.复印本.

光绪湘潭县志.岳麓书社,2010.2.

湘潭市地方志编纂委员会. 湘潭市志. 中国文史出版社,1997.8.

湘潭县志.湘潭县志编纂委员会编印,1995.12.

湘潭市人民政府编.湘潭地名志.中国文史出版社,2009.4.

湖南省湘潭市地名录.湘潭市人民政府编印,1982.

湖南省湘潭县地名录.湘潭县人民政府编印,1981.2.

李源汉编.潭城史迹.湘潭市地名办公室编印,1982.4.

康熙湘乡县志.复印本.

乾隆湘乡县志.复印本.

道光湘乡县志.复印本.

同治湘乡县志.岳麓书社,2009.10.

湘乡县志编纂委员会编.湘乡县志.湖南出版社,1993.12.

毛金玉主编.今古湘乡.湘乡地方志办公室,1997.4.

双峰县志编纂委员会.双峰县志.中国文史出版,1993.8.

娄底市志编纂委员会.娄底市志.中国社会出版社,1997.7.

长沙市地名录编纂委员会编.湖南省长沙市地名录.长沙市人民政府印,1986.3.

金豫北编.长沙地名古迹览胜.中国文联出版社,2002.10.

邵阳市地方志编纂委员会. 邵阳市志. 湖南人民出版社,1997.8.

邵阳市地名录.邵阳市人民政府编印,1982.

岳阳市地方志编纂委员会. 岳阳市志. 中央文献出版社,2005.12.

岳阳市地名录.岳阳市人民政府编印,1982.

宝宁寺志.康熙二十五年.

湖南古今地名辞典编撰委员会.湖南古今地名辞典.湖南省

出版社，1993.12.

湖南省地名公共服务工程领导小组编.湖南地名志.湖南地图出版社，2009.5.

湖南省编纂委员会. 中华人民共和国地名词典（湖南省）. 商务印书馆，1992.3.

康熙肇庆府志.复印本.

肇庆地区地方志编.道光肇庆府志（第5、12、18、21、22卷）. 纂委员会办公室重印，1986.

道光肇庆府志.江苏古籍出版社.

光绪肇庆府志.复印本.

崇祯肇庆府志（日本藏中国罕见地方志丛刊续编）.北京图书馆印，2003.

肇庆市地方志编纂委员会. 肇庆市志. 广东人民出版社，1996.10.

肇庆（画册）.肇庆市人民政府，1993.

梁文廉编.肇庆市旅游志.广东旅游出版社，1991.12.

肇庆名胜古迹.肇庆市旅游资料编写组编印，1990.

肇庆文史（5）.政协肇庆市委员会，1987.12.

历史大观园.历史大观园编辑部，1991.7.

梧州地区志.广西人民出版社，2011.9.

梧州市简志.梧州市地方志编纂委员会办公室编印，2000.

桂林市地方志编纂委员会编.桂林市志.中华书局，1997.12.

桂林市地名录（一）.桂林市地名委员会编印，1986.10.

林哲著.桂林靖江王府.广西师范大学出版社，2009.12.

永福县志编纂委员会.永福县志.新华出版社，1996.12.

何为彦编纂.永福县地名志.广西师范大学出版社，1994.1.

昭平县志编纂委员会.昭平县志.广西人民出版社，1992.11.

平阳县志编纂委员会. 平乐县志. 汉语大词典出版社，

1995.12.

邗江王氏五修宗谱.1917.

邗江王氏六修族谱.2005.7.

马桥唐氏五修族谱.

衡阳三阳甯氏八修宗谱.1933.

衡山旷氏九修通谱.1941.

上湘坳头刘氏九修族谱.1879.

曲潭李氏宗谱.

常宁殷氏误修族谱.1943.

铁塘罗氏八修.

太平曾氏六修族谱.

太平陈氏五修族谱.

陶田李氏四修宗谱.1921.

刘华寿编注.郴州历代诗文选注.湖南出版社,1996.5.

黄雨选注.历代名人入粤诗选.广东人民出版社,1980.10.

谭民政著.与徐霞客同行.漓江出版社,2011.9.

谭民政注.莲峰志详注.湖南人民出版社,2013.10.

朱迪光等编.船山学简明读本.湘潭大学出版社,2016.12.

朱宏毅图、朱迪光文.王船山（绘本）.湘潭大学出版社,2017.8.

王盛、徐辉等.南岳船山古迹访问记.船山学报,1984:2.

盛树森.王船山早期故居考.衡阳师专学报（社会科学）,1989:2.

附录一：王船山家族世系表

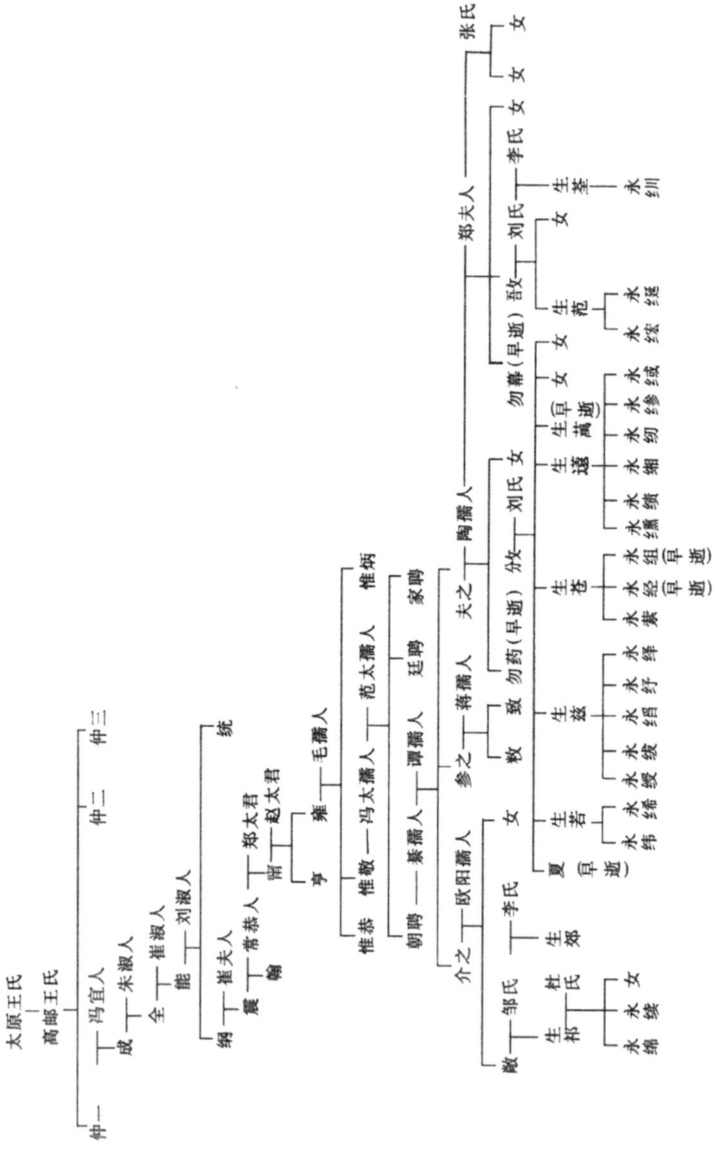

附录二：王船山著作目录

王船山是我国朴素唯物主义思想的集大成者，他的著作存世的约有73种，401卷，散佚的约有20种。

周易内传附发例
周易大象解
周易稗疏附考异
周易外传
鼙收稗疏
尚书引义
诗经稗疏附考异、叶韵辨
诗广传
春秋稗疏
春秋家说
春秋世论
续春秋左氏传博议
四书稗疏
四书考异
四书笺解
读四书大全说
四书训议
说文广义
读通鉴论
宋论
永历实录
箨史

莲峰志
张子正蒙注
思问录
俟解
黄书
雁字诗
仿体诗
岳余集
忆得
姜斋词集
鼓棹初集
鼓棹二集
潇湘怨词　噩梦
识小录
搔首问
龙源夜话
龙子衍
庄子解
庄子通
相宗络索
愚鼓词
船山经义

楚辞通释
古诗评选
唐诗评选
明诗评选
姜斋文集
姜斋诗集
五十定自稿
六十自定稿
七十自定稿
柳岸吟
姜斋诗分体稿
姜斋诗编年稿
姜斋诗剩稿
落花诗
遣兴诗
和梅花百咏诗
洞庭秋诗
姜斋诗话
诗译
夕堂永日绪论内篇
夕堂永日绪论外篇
南窗漫记
龙舟会杂剧
船山诗文拾遗

据有关资料,失传的船山著作尚有:

尚书考异
四书详解
四书集成批解
大行录
船山制义
近思录释
吕览释
淮南子注
八代文评选
八代诗评选
四唐诗评选
李杜诗评
刘复愚集评
南窗外记
悲愤诗四百韵
漧涛园初集
买薇集
桃花诗
……